les trois vies d'Antoine Anacharsis

Du même auteur au Rouergue

Poisson-lune - 2004, roman doado
Des cerises plein les poches - 2004, roman zig zag (ill. Mariona Cabassa)
Le cri du phasme - 2005, roman doado
Ça tourne pas rond - 2005, roman zig zag (ill. Séverin Millet)
Sanguine - 2005, roman doado
Soleil métallique - 2006, roman doado
Prune et Rigoberto - 2007, roman zig zag (ill. Natacha Sicaud)
Mon corps est un œil - 2007, roman doado
Les yeux qui chantent - 2007, roman doado
L'ami l'iguane - 2008, roman zig zag (ill. Anne-Lise Boutin)
Je suis le chapeau - 2009, roman doado
Ma première nuit à la belle étoile - 2010, roman dacodac
Alba Blabla - 2011, album (ill. Anne-Lise Boutin)
L'attrape-fantôme - 2012, roman dacodac
Mon frère est un cheval/Mon cheval s'appelle Orage - 2012, roman boomerang
L'explosion du petit pois - 2013, roman dacodac
Les frères Moustache - 2013, album (ill. Charles Dutertre)
Totem/Je t'aime - 2013, roman boomerang
Un lézard amoureux - 2013, roman doado
En compagnie des ours - 2014, collection tic tac
Louison Mignon cherche son chiot - 2015, album (ill. Charles Dutertre)
Louison Mignon contre le bandit aux feuilles mortes - 2015, album (ill. Charles Dutertre)
Le fils de l'ombre et de l'oiseau - 2016, roman doado
Louison Mignon fait des confitures avec le shérif - 2016, album (ill. Charles Dutertre)
Louison Mignon et le cochon caché - 2016, album (ill. Charles Dutertre)
L'oiseau blanc - 2017, album (ill. Charles Dutertre)
Tout le monde s'embrasse sauf moi - 2018, roman dacodac (ill. Nathalie Choux)
Déguisés en rien - 2018, roman dacodac (ill. Nathalie Choux)
La brigade du silence - 2018, album (ill. Charles Dutertre)
N.I.H.I.L - 2018, roman épik
La route du lait grenadine - 2019, album (ill. Charles Dutertre)
Par la forêt/Par le lac - 2019, roman boomerang
King et Kong - 2020, roman dacodac
Mon cœur est un petit moteur qui démarre avec de l'amour - 2021, album (ill. Charles Dutertre)
King et Kong se font livrer un cousin - 2021, roman dacodac
La brigade du buzz - 2021, album (ill. Charles Dutertre)
Bonaventure et Compagnie - 2022, roman dacodac (ill. Charles Dutertre)
Bonaventure et Compagnie en concert sous les étoiles - 2023, roman dacodac (ill. Charles Dutertre)

Illustration de couverture : **Marta Orzel**

www.lerouergue.com

doado

Alex Cousseau

les trois vies d'Antoine Anacharsis

rouergue

On lui demandait si les vivants étaient plus nombreux que les morts. Anacharsis répondait : « Mais d'abord, ceux qui sont sur mer, dans quelle catégorie les rangez-vous ? »

PREMIÈRE VIE
(HÉMISPHÈRE SUD) 1831

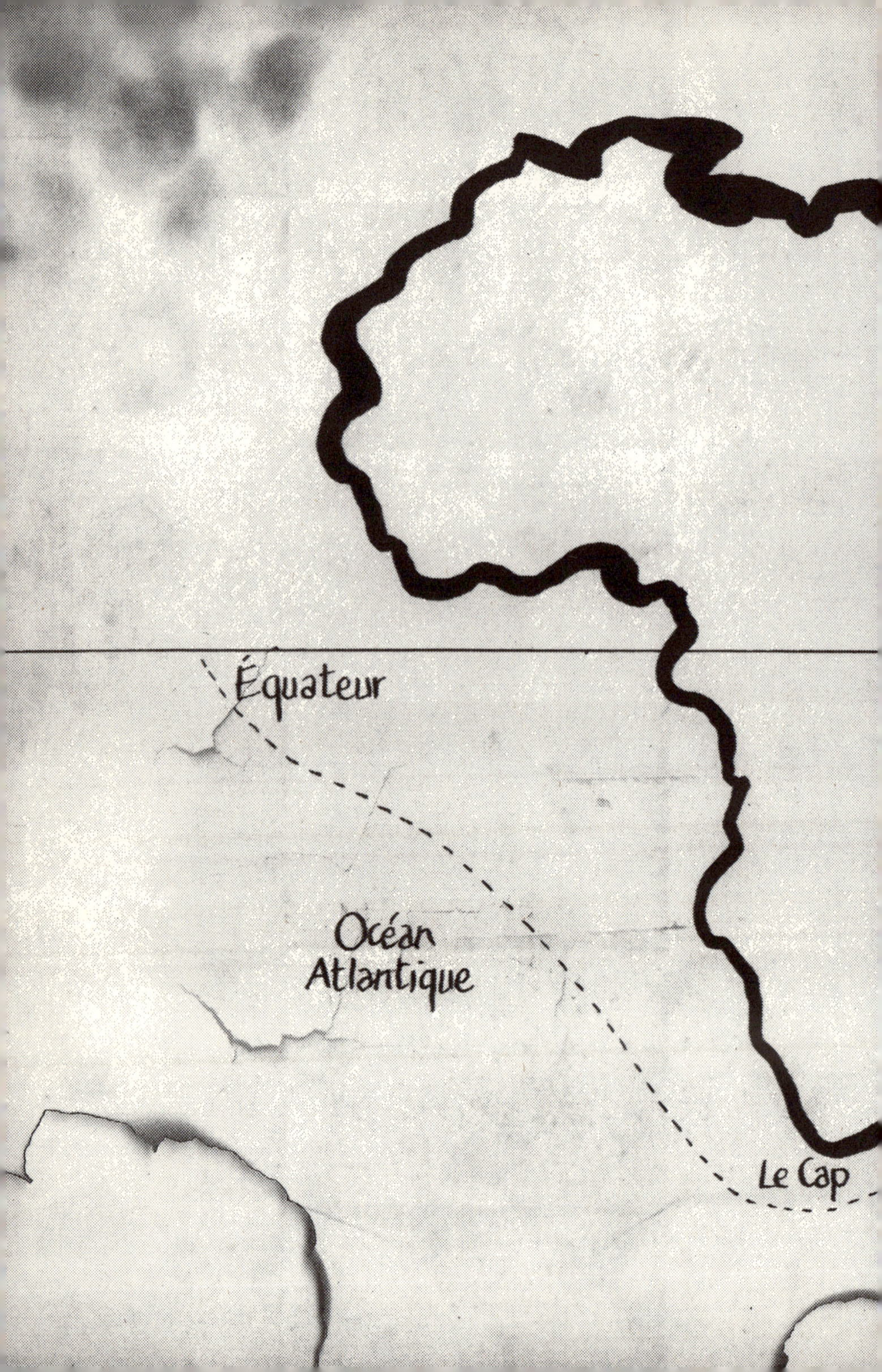
Équateur
Océan
Atlantique
Le Cap

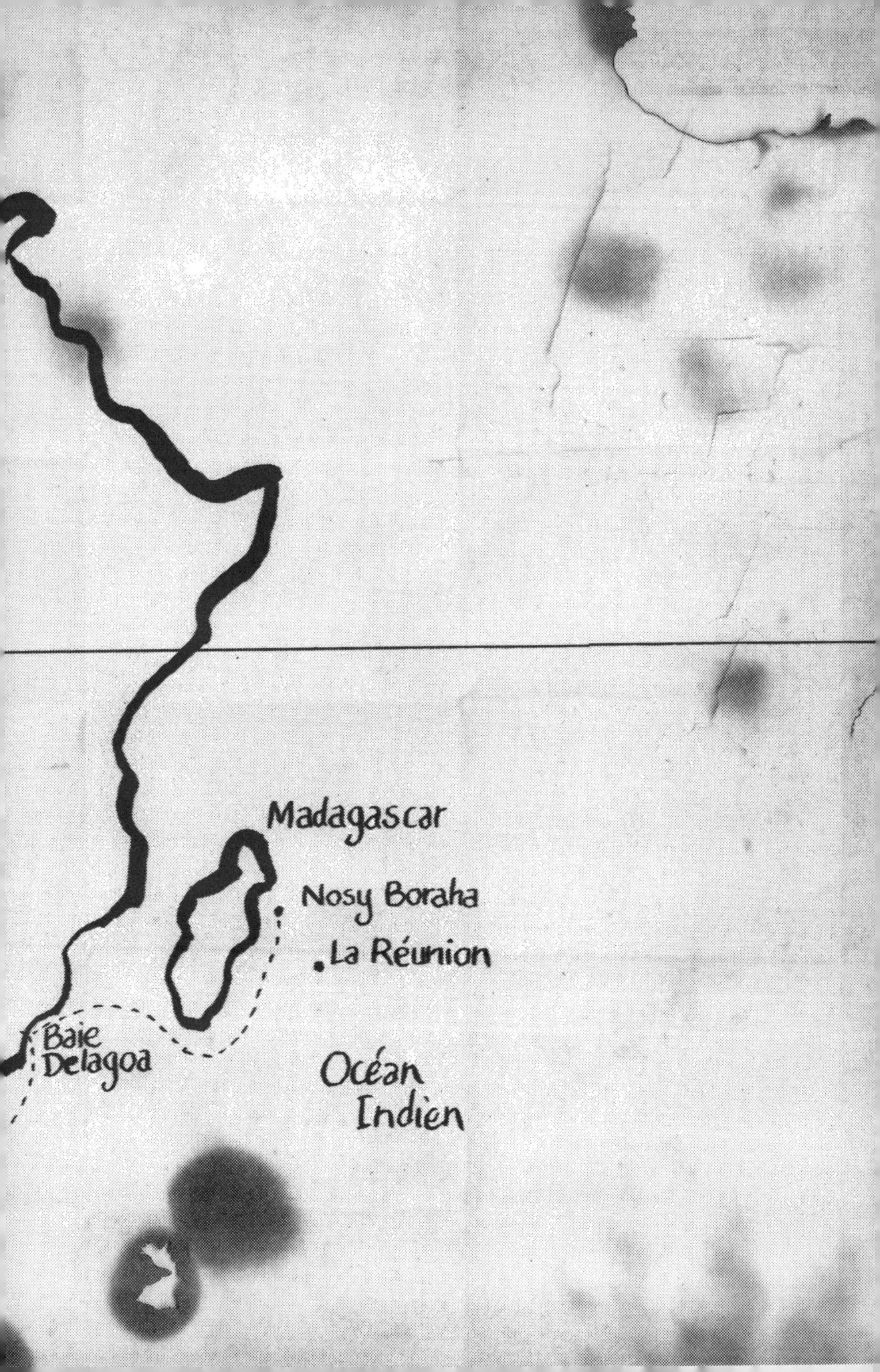
Madagascar
Nosy Boraha
La Réunion
Baie
Delagoa
Océan
Indien

chapitre 1

Bientôt je vais naître. Je vais naître pour ma première vie du dehors et connaître la lumière du jour et savoir ce que c'est que d'être vivant à l'air libre.

Je m'appelle Taan. Ou Antoine. Ou Anacharsis. Peu importe pour l'instant. Je vais naître trois fois. À l'âge de 16 ans, on me tranchera la langue, mais rien ne m'empêchera de raconter mon histoire jusqu'au bout. Rien ni personne. Je vivrai. Je mourrai, et puis je renaîtrai. Je connaîtrai des joies et des humiliations. Je ferai plusieurs tours du monde. Mon histoire commencera au large de Madagascar, sur une petite île nommée Nosy Boraha, ou Sainte-Marie par les Européens. Une île idéalement placée en marge de la route des Indes. C'est de là que je partirai, et c'est là qu'à la toute fin je reviendrai.

Pour l'heure, je suis au chaud au fond du ventre, plié comme le mystérieux bout de papier à l'intérieur du médaillon que ma mère porte autour du cou.

De la taille d'un haricot. Je germe. Mon cœur est une petite bosse, mes yeux deux courtes saillies, mes lèvres restent à dessiner, avec les deux minuscules fentes que sont mes oreilles je n'entends pas encore les bruits, mais déjà ma mère communique avec moi.

Ses mots me cajolent. Ma mère me raconte mon histoire, la sienne et celle de nos ancêtres. Elle me parle à sa façon, de sa petite voix intérieure, une voix muette et fluide comme un filet de sang parmi tous les autres sangs mêlés à l'intérieur de mes veines. Je suis malgache, français, jamaïquain, écossais, russe... Tout à la fois. Je suis du monde entier, ou bien je suis de nulle part. Je suis juste là, présent dans le ventre. Je grandis, je dors, je me nourris de cette voix et de ce sang. Parfois, je sens le corps de ma mère vibrer, et elle me dit ce qui se passe à l'extérieur.

Elle me dit qu'aujourd'hui mon père a attrapé une tortue. Une grosse tortue. J'ignore encore ce qu'est une tortue, mais ma mère me décrit un animal aussi lourd que mon père, avec quatre pattes, des nageoires, et une énorme carapace sur le dos, une carapace brune avec des taches jaunes et vertes. Et moi j'essaie de deviner ce que sont des nageoires, une carapace, le jaune et le vert.

Elle me dit que sur une tortue comme celle-ci, les hommes récupèrent la chair pour la manger, la graisse pour faire de l'huile, la carapace pour fabriquer des objets en écaille. Mais que mon père lui a fait cadeau de celle-ci, et qu'il l'a enfermée dans une cage en bois pour ne pas qu'elle s'échappe. Alors j'imagine la tortue attendant jour et nuit que la cage s'ouvre, comme moi j'attends de naître.

Je demande : *Que vas-tu faire de cette tortue que mon père t'a offerte ?*

Mais ma mère n'entend aucune de mes questions. J'aurais pu tout aussi bien demander : « Que vas-tu faire de moi, et moi qu'est-ce que je vais faire de la vie que tu me donnes, que faut-il faire, chacun de nous, quand la vie nous est offerte ? » Ma mère n'entend jamais les questions que je me pose. Elle m'explique que la tortue se nourrit d'algues. Et tandis qu'elle rapporte des poignées d'algues ramassées sur la plage, je me dis que les questions restées sans réponse sont des sortes d'algues qui s'échouent n'importe où en silence.

– C'est un garçon ou une fille ?

Mon père parle à ma mère. Je n'entends pas sa voix, je n'entends pas encore leurs vraies voix à tous les deux à travers le ventre, c'est ma mère qui me communique leurs paroles par le fluide qui nous relie.

– C'est une fille.

– Pourquoi pas un garçon ?

– Ma mère a donné naissance à une fille. Depuis quatre générations, nous n'avons donné naissance qu'à des filles.

– Mais cette fois c'est un garçon, affirme mon père.

Et il pose sa tête sur le ventre de ma mère avant de chuchoter.

– Tu es un garçon ou une fille ?

Quand mon père s'éloigne un peu trop longtemps, ma mère devient nerveuse. Elle retire le médaillon autour de son cou pour le frotter contre son ventre. À travers la peau, elle me caresse avec le médaillon. C'est rond. C'est bombé. C'est froid.

Je demande : *Qu'est-ce qu'il y a dedans ?*

– *Dedans il y a notre histoire*, me dit ma mère. *Ton histoire et la mienne, celle de ta grand-mère avant moi, et de ton arrière-grand-mère avant elle, et de ton arrière-arrière-grand-mère. Notre histoire a plus d'un siècle, et elle repose à l'intérieur du médaillon.*

Quand mon père tarde à revenir de la pêche, ma mère ouvre le médaillon, et ensemble nous y découvrons un papier mystérieux censé conduire sur la piste d'un trésor. Ce trésor nous appartiendra un jour. En attendant, son histoire se confond avec celle de notre famille. Cette histoire coule dans mes veines. Ma mère me la récite plusieurs fois, et je finis par la savoir par cœur. Je peux la raconter en entier, depuis la naissance de mon arrière-arrière-grand-mère jusqu'au jour d'aujourd'hui.

chapitre 2

Mon plus lointain ancêtre est un pirate français, Olivier Levasseur. Sur les océans, on le surnomme La Buse, parce qu'avec ses compagnons il fond sur sa proie aussi rapidement qu'un rapace. Et sur la terre, on le surnomme La Bouche, peut-être pour la forme de son nez, de son visage, mais plus sûrement encore parce qu'il est un beau parleur, coureur de femmes depuis son plus jeune âge.

Quand il arrive dans les mers du Sud, un jour de 1729, La Bouche vient de très loin. Il fuit les Caraïbes. Il fuit les patrouilles navales de tous les pays qui le pourchassent, lui et les autres pirates. Avec son équipage, il se réfugie sur notre île, séduit par ses nombreuses criques à l'abri des tempêtes, sa forêt tropicale capable de fournir des mâts et des vergues aux navires, ses plages permettant de caréner, son eau douce, et sa nourriture en abondance.

Et c'est là, sur Nosy Boraha, que La Bouche fait la connaissance d'une jeune fille elle aussi affublée d'un surnom, La Fièvre. Mon arrière-arrière-

arrière-grand-mère. La Bouche et La Fièvre étaient faits pour s'entendre, et plusieurs jours durant on les perd de vue, avant de les repérer sur l'îlot Madame, en cet endroit où a lieu, pendant l'hiver austral, la parade nuptiale des baleines à bosse venues de l'Antarctique. Sur cet îlot retiré de la côte ouest, La Bouche et La Fièvre imitent les baleines, et de leurs jeux acrobatiques advient ce qui devait advenir. La Fièvre tombe enceinte.

– Tu l'appelleras Nova, dit La Bouche.

– Pourquoi Nova ? demande La Fièvre.

– Parce que. Que ce soit un garçon ou une fille, tu appelleras notre enfant Nova. Promets-le moi.

– Je te le promets.

Huit mois plus tard, La Bouche est déjà reparti pour d'autres aventures. Les années passent. Le pirate finit par être capturé et aussitôt jugé sur l'île Bourbon. À la foule qui assiste à sa pendaison, il lance un document codé en s'écriant :

– Mes trésors à qui saura comprendre !

Sur le coup, personne ne sait très bien qui ramasse ce mystérieux message.

Et puis un jour, une barque échoue sur une plage au nord de Nosy Boraha. C'est une jeune femme qui la découvre. C'est Nova, mon arrière-arrière-grand-mère. Elle a déjà 20 ans, et elle est la fille de La Bouche et de La Fièvre. Au fond de la barque, elle récupère un corps ivre de fatigue. Lolim, un homme à la dérive. Un homme qui a rongé le cuir de ses bottes et bu l'eau croupie d'un tonneau. Un homme qui divague. Qui parle de son pays, la Jamaïque, et d'un mystérieux trésor. Nova le tire sur le sable pour l'allonger à l'ombre d'un palmier. Elle retire ses vêtements poisseux, le frictionne. Elle l'abreuve, elle le nourrit. Et tout en s'occupant de lui, elle examine sa peau noire tannée par le soleil, ses paupières fermées, ses lèvres gercées, ses muscles transis. Elle prend le temps de fouiller chacun de ses habits, et trouve au fond d'une poche un parchemin plié en huit.

Nova glisse le parchemin sous le tissu qui lui sert de pagne, avant de s'enfoncer dans les profondeurs de la forêt avec Lolim, le Jamaïquain. Elle disparaît comme elle était apparue, quelque part dans les terres de Nosy Boraha, parmi les taillis, les arbres et les lémuriens. Loin des hommes. Vingt ans de silence.

Un jour de 1773, un enfant inconnu sort de la forêt. Une fille. Nue. Les yeux sombres, la tignasse emmêlée, la peau grise tachée de boue. Les poings serrés. Elle passe au milieu d'un cercle de manguiers, piétine un fruit tombé par terre, et traverse le village d'Ambodifotatra sous les regards de tous.

– Qui es-tu ?

– Je suis la fille de Nova.

– Comment t'appelles-tu ?

– Je ne sais pas.

– Ta mère ne t'a pas donné de nom ? Qui est ton père ?

– Je ne sais pas.

– Alors tu t'appelleras Novaa. Comme ta mère, mais avec deux *a*. Novaa.

Novaa est orpheline. C'est la fille de Nova et de Lolim, retrouvés morts en pleine forêt au pied d'un tamarinier, l'arbre sacré. Novaa est mon arrière-grand-mère. Du sang malgache, français, et jamaïquain coule dans ses veines. Au creux de son poing fermé, elle cache un parchemin plié en huit.

Pendant quinze ans, Novaa est confiée à une jeune veuve qui l'élève comme sa fille. Elle grandit sans plus jamais attirer l'attention sur elle, jusqu'en 1788. Depuis maintenant un demi-siècle, les pirates ont déserté les océans, et des marchands de toutes nationalités sillonnent librement la région. Certains se ravitaillent à Nosy Boraha, et cette fois c'est au tour du *Coventry*, une goélette de quatre-vingt-dix tonneaux, transportant une cargaison de riz et d'épices jusqu'en Angleterre. Parmi l'équipage, un jeune homme se fait appeler Kidd Junior. Il prétend être le petit-neveu d'un autre pirate, le capitaine William Kidd, et vient ici en espérant retrouver le trésor de son grand-oncle. Novaa et lui se rencontrent. Ils se sourient. Ils se plaisent.

Novaa possède un parchemin qui conduit sans doute au trésor de son grand-père, mais elle ne sait pas lire, et encore moins décrypter cette suite de caractères imbriqués les uns dans les autres, sans queue ni tête. Kidd Junior sait lire, mais seul l'intéresse le butin de l'*Adventure Galley*, le vaisseau pirate que son grand-oncle coula en 1701 sur la côte est de Nosy Boraha, avant d'être pendu à l'autre bout du monde.

Kidd Junior s'épuise à vouloir retrouver l'épave de l'*Adventure Galley* pendant six mois. Il plonge presque chaque jour, dans des eaux infestées de requins. Novaa l'accompagne à bord d'une pirogue. Un après-midi d'octobre, Kidd refait surface en criant. Ça y est, il vient enfin de repérer une épave ! Imprudent, il en oublie de vérifier qu'aucun requin ne rôde dans les parages avant de replonger. Novaa n'a pas le temps de l'avertir. Autour d'elle la mer commence par bouillonner, puis se teinte de rouge. Dix minutes plus tard, la jeune femme remorque jusqu'à la plage le corps broyé de son compagnon. Kidd Junior est enterré dans le cimetière des pirates, face à l'île aux Forbans. Face à la probable *Adventure Galley* et aux indices de son hypothétique trésor. Cinq mois plus tard, Novaa donne naissance à ma grand-mère, Novaaa.

En 1805, Novaaa est à son tour orpheline. Elle garde le précieux parchemin dans un petit coffret que son père avait offert à sa mère, et déclare à tous ceux qui veulent l'entendre qu'elle ne restera pas un an de plus sur Nosy Boraha, que cette île est maudite pour elle et sa famille depuis déjà trois générations. Profitant de l'escale d'un marchand d'origine arménienne, elle s'offre comme esclave. On la dit folle. L'Arménien refuse son offre, le commerce des esclaves le rebute. Novaaa insiste, et s'installe clandestinement à bord de la goélette *L'Épervier*. Elle croupit trois jours dans les cales, parmi des jarres d'épices et des ballots de tissu bariolés, avant d'être jetée à la mer dans un tonneau vide. Les courants la ramènent irrémédiablement vers Nosy Boraha.

De retour sur son île, Novaaa creuse un grand trou dans le sable, face à l'îlot Madame. Elle veut s'enterrer vivante. Debout. Les villageois l'en empêchent. Après plusieurs crises de folie du même style, Novaaa sombre dans la torpeur. Elle se contente d'un repas frugal en début de matinée, et passe ses journées prostrée sur la plage, à défier l'horizon du regard. À ceux qui l'interrogent, elle répond qu'elle attend que quelqu'un vienne la chercher pour l'emmener loin d'ici.

C'est l'époque où Madagascar est déchirée de toute part. En 1809, des Malgaches tentent d'assiéger les Français, qui ont installé sur la côte est des comptoirs remplis de zébus et d'esclaves. Ils sont repoussés. Puis en 1811, c'est aux Anglais de s'emparer de ces fameux comptoirs. Les Français se replient sur Nosy Boraha, et, parmi eux, un dénommé Le Russe. Menton en galoche, l'homme est russe par sa mère, mais français par son père. Il travaille pour la Compagnie française des Indes. Tous les jours de sa présence sur l'île, Le Russe croise Novaaa, assise face à l'îlot Madame avec son petit coffret entre les jambes. Il la rejoint un soir.

– Qu'y a-t-il au fond de cette boîte ?

– Le plan d'un trésor. Je te l'offre si tu m'emmènes loin d'ici.

Sans lui laisser le temps de répondre, Novaaa écarte son coffret et lui ouvre ses jambes. Une poignée de minutes plus tard, Le Russe se relève tout honteux. Il se rhabille en vitesse, le regard fuyant. Il ramasse le coffret et s'éloigne. Le matin de son départ, depuis le bateau qui le ramène en France, il constate que Novaaa n'a pas bougé, petite femme obstinée, trônant sur un lit de sable.

Sept ans plus tard, un traité impose à l'Angleterre de restituer Madagascar à la France. Une frégate reprend officiellement possession de Nosy Boraha, et les Français sont plutôt bien accueillis dans le village d'Ambodifotatra. Le Russe abandonne les festivités données à cette occasion, pour aller faire un tour sur la plage. Il frissonne en croisant une fille d'environ 6 ans, avec le menton en galoche, comme lui. Et Novaaa est toujours là. Exactement au même endroit, dans une position semblable, les yeux dans le vague. Le Russe s'agenouille devant elle et lui restitue son coffret. La fille au menton en galoche les rejoints, et Novaaa soupire.

– Tu avais promis de nous amener avec toi.

– Je n'avais pas promis. Ce n'est pas si simple. Et puis je suis revenu.

– As-tu trouvé quelqu'un pour décoder mon cryptogramme ? Et le trésor ?

– Non. Je n'ai rien trouvé. Est-ce que cette enfant est ma fille ?

– Oui. Elle s'appelle Novaaaa. Avec quatre a, parce que dans ses veines il y a du sang des quatre coins du monde.

– Elle est belle. Elle te ressemble.

– Elle te ressemble aussi. Elle est fuyante. Et maintenant ? Allons-nous te suivre en Europe ?

– Oui. Cette fois je le promets.

Les années filent. En 1823, fiévreux, Le Russe s'installe sur l'îlot Madame. Il meurt sans tenir sa promesse, et laisse derrière lui Novaaa et Novaaaa, ma grand-mère et ma mère. Pour elles, il a recopié d'une écriture minuscule le cryptogramme de La Bouche, sur un bout de papier qu'il a soigneusement plié à l'intérieur d'un médaillon, une sorte de bijou creux en métal gris argenté, plus ou moins étanche, de la taille d'un haricot.

Indirectement, Anglais et Français continuent de se livrer bataille dans la région. Les premiers sont les plus virulents à défendre l'abolition de la traite des esclaves. Ils pactisent avec un peuple malgache qui leur promet de stopper le commerce esclavagiste avec les Européens. En échange, ce peuple reçoit des fusils et des canons pour étendre son royaume à tout Madagascar. S'ensuit une guerre violente avec d'autres tribus. Tan, un jeune guerrier adverse, assiste impuissant au carnage. Ses compagnons sont décimés par les canons. Il se cache dans un arbre. Au clair de lune, il traverse un champ de bataille jonché de cadavres lacérés. Des grappes de corps troués, décapités. Un océan de poussière et de sang. Tan longe une allée de têtes plantées sur des piques. Prenant la fuite sur un radeau improvisé avec deux barils de poudre vides, il nage comme il peut jusqu'à Nosy Boraha, se réfugie sur l'îlot Madame, et soigne ses blessures pendant trois longues années.

Et c'est sur l'îlot Madame, depuis ce point de vue duquel, pendant chaque hiver austral, on observe la parade nuptiale des baleines à bosse, en cet endroit où en 1722 La Bouche et La Fièvre avaient conçu mon arrière-arrière-grand-mère Nova, que Novaaaa, ma mère, fait la connaissance de Tan, mon père. Elle a 19 ans, il vient d'en avoir 20. Nous sommes en 1831, et bientôt je vais naître.

chapitre 3

Quand mon père rentre de la pêche, ma mère referme précipitamment le médaillon, le repasse autour de son cou, et ne souffle plus un mot de notre histoire passée. Elle revient immédiatement au présent, au jour d'aujourd'hui.

– *Chaque jour compte*, me dit-elle. *Prends le temps de les vivre un par un. Avec lenteur. Avec prudence.*

Régulièrement, des bateaux font escale sur notre île. Ma mère me décrit leurs coques comme d'immenses carapaces de tortue à l'envers, leurs mâts comme des arbres qui auraient perdu leurs écorces, leurs racines et leurs branches, et leurs voiles comme des morceaux de ciel qui claquent au vent. J'apprends à rêver.

Un jour, ma mère grimpe à bord de la pirogue de mon père. Elle est calée au fond, le clapotis des vagues nous berce. Mon père nous promène au sud de l'île. Il rejoint un îlot tout proche, l'île aux Nattes, et accoste sur une plage. Ensuite, il prend ma mère par le bras et la conduit jusqu'au sommet de l'îlot.

Sur le chemin, il nomme à voix haute les arbres qui nous entourent, et ma mère me les répète. Filao, palmier, bougainvillée, giroflier… Chaque arbre a un nom. Chaque fruit de chaque arbre. À l'intérieur de chaque fruit, il y a des graines, et à l'intérieur de chaque graine, il y a la vie. Mon père dit que moi aussi, j'aurai bientôt un nom.

Et au sommet de l'îlot, c'est ma mère qui me décrit Nosy Boraha, notre île, l'océan qui l'entoure, et plus loin Madagascar, la grande île d'où vient mon père. Elle dit que le monde est comme un fruit rond, que les hommes sont plus petits que des poussières sur la peau de ce fruit. Elle dit que ce fruit tourne sur lui-même et autour du soleil pour mûrir équitablement. Quand le fruit est chaud, c'est le jour, et quand il est froid, c'est la nuit. Ma mère me recommande de naître quand le fruit sera tiède, pour profiter des lumières les plus douces.

Ce qui est doux : la chaleur de son ventre, les chansons qu'elle fredonne, son rire mêlé à celui de mon père, le rythme de ses pas sur le sable, les bruits et les vagues quand elle se baigne, la cuillerée de miel qu'elle avale chaque soir, sa respiration quand elle dort, la musique de la pluie…

Je fais maintenant la taille d'une langouste. Tout va vite. Les bruits extérieurs commencent à parvenir jusqu'à moi. Mes mains sont formées, je peux toucher ce qu'il y a autour de moi, je peux avaler avec ma bouche et continuer d'absorber avec ma peau.

Depuis plusieurs nuits, la tortue que mon père a offerte à ma mère s'agite derrière les barreaux de sa cage. Ses bruits nous empêchent de dormir. J'entends mon père essayer de calmer la tortue, en vain. Il s'énerve. Ma mère le supplie d'ouvrir la cage, mais mon père ne veut pas. Dehors, la pluie tambourine sur les feuilles des arbres. Il y a des hommes qui ne dorment pas encore et qui pourraient emprisonner la tortue à leur tour, pour la tuer. Demain, dit mon père, nous irons au large en pirogue, lui rendre sa liberté. Ma mère s'endort sur cette promesse, et toute la nuit je reste éveillé dans le ventre qui dort. J'entends nos cœurs qui battent, j'entends la tortue s'agiter, et la pluie qui continue de jouer sa musique, qui dévale des arbres goutte à goutte, rebondissant sur les feuilles et les fruits. Parfois, je voudrais avoir accès aux rêves de ma mère, l'accompagner là-bas, dans ces images sans voix. Mais les rêves des autres sont comme les fruits en haut des plus grands arbres, pour les connaître il me faudrait des ailes.

Parfois, je rêve que je suis un oiseau. Mais je n'ai jamais vu d'oiseau. Mes rêves à moi sont encore sans images, ce sont des noms et des bruits. Des fluides qui se bousculent, des goûts, des sensations floues. Être un oiseau ne signifie rien d'autre qu'être moi-même, flottant dans le vide infini.

Le lendemain, la pluie stoppe sa musique. Mon père cale la cage de la tortue au milieu de sa pirogue. Il fait monter ma mère devant. Lui s'installe derrière. Cap sur le large pour libérer la tortue. Nous franchissons des centaines de vagues.

– Pourquoi vas-tu si loin ? demande ma mère. On ne voit plus notre île.

– Il y a du brouillard, explique mon père.

– Justement... Pourquoi vas-tu si loin ? insiste ma mère.

Et je sens sa peur. Comme un caillot de sang, sa peur grandit, je la sens venir jusqu'à moi. Mon père pose enfin sa pagaie. Il s'approche de la cage.

– L'ouverture est de ton côté, dit-il.

Tétanisée de peur, ma mère s'agrippe aux bords de la pirogue et ne bouge plus. Alors mon père essaie de la rassurer. De sa voix douce mais ferme, il lui indique les gestes à faire pour avancer. Ma mère se reprend. Je l'entends grappiller centimètre après centimètre au fond de la pirogue, puis mon espace se réduit subitement, le ventre est comprimé contre la cage, ma mère défait le nœud pour ouvrir, j'entends la tortue qui respire fort... Et...

Et tout bascule.

En un instant. Je m'affole. Un cri. Des craquements. Une masse sombre surgit du brouillard. Un choc violent. Mon père et ma mère sont aussitôt éjectés de la pirogue. Ma mère dit des choses qui vont trop vite pour que je les comprenne. Elle parle avec l'eau qui lui entre par la bouche et par les narines. Elle dit des mots qui se mélangent aux autres. Des mots qui se noient. Elle appelle. Elle supplie. Elle crie dans l'eau et l'eau crie dans elle.

Quelques secondes sous l'eau, puis ma mère refait surface. Mon père la remorque jusqu'à la cage en bois, qui flotte. La tortue est toujours à l'intérieur. Elle dans sa cage, et moi toujours dans le ventre. Pareil. Mais dehors, il s'est passé tant de choses en si peu de temps que je peine à tout saisir. La voix de ma mère continue d'être brouillée de larmes et d'eau salée. Elle bégaie. Elle a le hoquet. Dans sa cage, la tortue fait du raffut en battant l'eau de ses nageoires. Mon père crie au secours. La coque d'un bateau vient de fendre en deux notre pirogue, et alerté par les cris l'équipage nous découvre. Avant que le courant ne nous éloigne, on nous jette deux cordes que mon père accroche, une sous les bras de ma mère et l'autre aux barreaux de la cage. Je n'ai encore jamais entendu le cœur de ma mère battre si fort. On nous hisse sur le pont, et ma mère refuse de lâcher la cage. Ses sanglots étouffent sa voix, elle panique en se voyant soulevée avec la cage, tandis que mon père se débat encore dans l'eau. Des hommes lui jettent une troisième corde. Sur le pont, je tressaute quand ma mère crache l'eau qui commençait à lui entrer dans les poumons.

chapitre 4

– Tu es toujours là ?

Mon père renifle, je le devine inquiet, il peine à retrouver sa respiration. Ma mère ne lui répond pas, et tout autour de nous des voix grondent dans une autre langue que la nôtre. Nous sommes sur un grand bateau, c'est la première fois. Un bateau étranger. Filant vers les Indes pour y remplir ses cales de marchandises, ou bien sur le chemin du retour vers l'Europe ou les Amériques. Un bateau rapide et puissant. Je le sens qui roule et qui tangue, j'entends le bois craquer, le vent s'engouffrer dans les voiles, et mon cœur chavire à chaque vague que l'étrave chevauche.

– Tu es toujours là ?

Oui, je suis toujours là. J'ai chaud, et ma mère a froid. On lui prête un vieux manteau. On lui apporte un bol de soupe fumante. Mon père rigole. Ou bien il pleure, je ne sais plus. Ses bras se resserrent, tout son corps vient se coller contre le corps de ma mère, et cette étreinte me fait mal. Il bredouille. Ses mots butent les uns contre les autres. Puis il se tait. Ma mère s'assied à ses côtés pour avaler son bol de soupe. Sa voix se remet à parler distinctement, sa parole se dénoue et les battements de son cœur reviennent à un rythme normal. Elle caresse très doucement son ventre, et prend le temps de me dire ce qu'elle voit.

Elle me dit que le brouillard se dissipe. Que nous sommes au milieu du bateau, près des écoutilles grandes ouvertes d'où s'échappent des odeurs d'épices et de tabac. Qu'il y a au-dessus de nos têtes deux mâts parés de voiles immenses, des hommes blancs grimpés dans les cordages, et un drapeau anglais déchiré par le vent. D'autres hommes s'affairent sur le pont, ma mère dit qu'ils nous regardent comme des bêtes curieuses. Elle dit que les hommes qui sont les chefs ont de plus beaux habits et qu'ils sont à dix pas, qu'ils nous observent en coin. Elle dit qu'ils marmonnent entre eux, qu'ils sont en train de statuer sur notre sort, et que notre île est déjà loin derrière nous, qu'on longe Madagascar avec le soleil qui nous fait face, et la mer d'un gris bleuté à perte de vue. Elle répète plusieurs fois à perte de vue, à perte de vue, à perte de vue, avant de se blottir contre mon père.

Elle n'a rien dit sur la tortue. Rien sur nous, quand je remue des pieds et des mains pour réclamer sa voix, pour être rassuré par ses mots. Ni mon père ni elle ne parlent plus pendant des minutes qui ressemblent à des heures. Ils ne dorment pas, ils ne rêvent pas. Ils sont juste là, prisonniers à leur tour. Ils pensent en silence, et s'enferment et m'enferment dans ce silence effrayant, toute une partie de l'après-midi.

Quand la lumière du jour décline, on vient nous chercher. Deux hommes nous conduisent dans le ventre du bateau. Le plafond est si bas qu'il faut avancer en pliant le dos et les genoux. Des sacs sont entreposés dans une première cale, des tonneaux et des barils dans une autre. Derrière un drap tendu, la lumière d'une chandelle dégage une fumée nauséabonde. Un homme avec des cercles de verre devant les yeux nous accueille. Il rapproche la chandelle, éclaire le visage de ma mère et lui demande de s'asseoir sur un billot, avant de l'examiner de la tête aux pieds. Il palpe le ventre. Sait-il que je suis là ? Ses doigts sont chauds, il tâte les muscles, les articulations, les aisselles. Vérifie le pouls. Les doigts, les orteils. Pour finir il force ma mère à ouvrir grand la bouche. Il gribouille deux trois mots sur un carnet, puis répète le même examen sur mon père.

– *Do you speak English ?*

L'Anglais soupire quelques mots d'impuissance.

– Français ?

Mon père et ma mère parlant correctement le français, ils approuvent aussitôt de la tête. L'Anglais s'en réjouit et résume la situation.

– Vous prisonniers nous. Le capitaine vouloir vendre vous comme esclaves.

Ma mère ne bronche pas. C'est à peine si son rythme cardiaque s'accélère.

– Je suis désolé, dit l'Anglais. Nous pas avoir le droit acheter et vendre esclaves. Depuis 1807, Grande-Bretagne interdire ça. Mais le capitaine veut argent. Je…

L'Anglais a fini d'examiner mon père. Il cherche ses mots. Peut-être qu'il veut nous aider, qu'il réfléchit à un moyen pour nous faire échapper. Peut-être qu'il veut mais qu'il n'ose pas. Que le courage lui manque. Il tarde trop, ses mots restent en travers de sa gorge, les deux hommes qui nous ont conduits jusqu'à lui reviennent nous chercher.

On nous ramène sur le pont. Avant de nous traîner de nouveau dans les entrailles du bateau, au fond d'une autre cale, tout à l'avant. Cette fois, il n'y a rien ni d'un bord ni de l'autre. Plusieurs mètres de vide et de pénombre. Des odeurs d'urine, de vinaigre, de goudron. Un pichet d'eau et deux bols de riz nous attendent dans un coin, posés sur une natte de jonc. Les hommes nous abandonnent là une poignée de secondes, puis reviennent en traînant des chaînes derrière eux. J'entends des cliquetis, des gémissements. Ma mère explique qu'on est en train d'encercler les chevilles de mon père, qu'on lui passe les fers aux pieds pour l'empêcher de s'échapper. Quand les hommes repartent, ils nous plongent dans la nuit en obstruant notre cale avec un panneau de bois.

– *Te voilà un esclave*, dit ma mère.

Elle murmure. Ses paroles forment une prière, comme un ruban de mots appris par cœur, à contrecœur, ses mains loin du ventre pour ne pas me toucher. Ma mère dit que ses mots ne sont plus là pour me cajoler mais pour me dire la vérité.

– *Tu n'es pas encore né et te voilà déjà un esclave. Dans quelques jours il y en aura d'autres partout autour de nous, par grappes, nous ne serons déjà plus des hommes et des femmes, seulement des sacs d'os. Des marchandises. On nous apportera peut-être à l'autre bout du monde, ou bien on nous vendra ici, à des hommes et des femmes qui ne nous parleront que pour nous donner des ordres…*

– Qu'est-ce que tu lui dis ? l'interrompt mon père.

– La vérité.

– Épargne-le avec ça.

– Si tu veux l'épargner, il faut l'empêcher de naître, répond ma mère.

Ma mère n'a pas touché à son bol de riz. Mon père s'est assoupi. Au-dessus de nos têtes, j'entends des pas sur le pont, et d'autres bruits plus étranges. Des voix étrangères, des ordres, des rires, des coups, des secousses. Et plus tard, au milieu de la nuit, des frottements. Comme un corps à quatre pattes qui se dandine sous sa carapace. Peut-être la tortue, ou un autre animal. Là-haut les hommes et les animaux sont libres de leurs mouvements. S'éloignant de mon père enchaîné à son sommeil, ma mère se tortille à quatre pattes sur quelques mètres, et choisit un endroit pour uriner sous elle en pleurant.

chapitre 5

Le lendemain, ma mère se réveille engourdie, recroquevillée entre les bras de mon père. Son ventre gargouille. Un rat frotte son museau contre sa jambe, elle le repousse en criant avant de se lever, se cogne la tête contre le plafond de notre prison, tâtonne dans le noir et retrouve mon père au bruit que font les chaînes à ses pieds.

– J'ai fait un rêve, lui raconte mon père. Je nageais au fond des océans. Guidé par la tortue. Je nageais depuis longtemps quand j'ai rencontré une créature avec des dizaines de bras aussi épais que le tronc du tamarinier, et ces bras s'entortillaient les uns aux autres…

– C'était le kraken, dit ma mère.

– Le kraken ?

– Oui. J'ai entendu parler d'un monstre marin comme celui que tu décris, avec des tentacules capables de soulever un navire et de provoquer une tempête. Une sorte de poulpe géant.

– Ça n'existe que dans les rêves, dit mon père.

– Peut-être.

– Dans mon rêve, le kraken était inoffensif. Ses yeux aussi gros que ma tête me fixaient, et je nageais autour de ses bras entortillés comme dans une forêt d'algues…

– Et puis ?

– Et puis c'est tout. Je nageais dans cette forêt de bras jusqu'à ce que je me réveille auprès de toi.

Ma mère soulève le pichet, elle avale une gorgée d'eau.

– Les yeux du kraken me fixaient, raconte encore mon père. C'est comme s'il voulait me parler.

– Que voulais-tu qu'il te dise ?

Mon père ne répond pas. Il prend l'eau à son tour. Il boit les dernières gouttes, et fait rouler par terre le pichet vide.

Le pichet se promène d'un bord à l'autre de la cale, suivant les mouvements du bateau. Il s'éloigne, hésite, revient, se cogne aux pieds de ma mère avant de repartir à l'autre bout et de tourner vers le fond à gauche. Il épuise toutes les trajectoires possibles, sans s'arrêter jamais plus de quelques secondes. Et les minutes passent. Tout ce temps, mon père et ma mère ne bougent pas. Je les devine prostrés comme moi, écoutant en silence le pichet vide occuper tout l'espace.

Enfin, tard dans la matinée, les écoutilles s'ouvrent. Un courant d'air frais pénètre dans la cale, et on nous appelle sur le pont. Avec ses chaînes, mon père tarde à se lever. Ma mère l'aide comme elle peut mais les hommes s'impatientent. J'entends un fouet claquer. Dehors, une lumière vive perce à travers le ventre. Je sens ma mère trembler. Elle ne dit rien. Elle ne parle plus, elle pense. Elle a pensé toute la nuit et continue de penser. Ses mots sont lointains et je ne les entends pas. Je ne les entends plus. Ma mère pense très loin de moi, avec des mots qui ne m'atteignent plus. J'essaie de deviner l'essentiel, sans savoir vraiment ce qui est essentiel. J'entends le vent dans les voiles. Aucun oiseau. J'entends les chaînes que mon père traîne derrière lui. J'entends des hommes qui s'approchent. Un autre qui leur donne des instructions. Mon père et ma mère s'agenouillent. On leur retire les quelques vêtements qu'ils ont sur le corps. Quand ils sont nus, on les asperge avec plusieurs baquets d'eau de mer. On leur ausculte rapidement la bouche et les yeux, puis pour rendre leurs muscles plus saillants on les frotte avec du jus de citron. Un homme touche au médaillon que ma mère porte autour du cou. Prise de panique, elle le mord. L'homme hurle et la frappe au visage.

– Ne fais pas ça ! crie mon père.

Mais je ne sais pas s'il s'adresse à ma mère ou à l'homme.

Et l'homme revient. Il réclame le médaillon, ma mère refuse. D'une main ferme, l'homme lui rabat la tête en avant et retire le collier. Ensuite je ne sais plus, j'essaie de deviner. L'homme observe le médaillon entre ses doigts. Peut-être qu'il découvre le mystérieux message à l'intérieur. Le trésor de mon ancêtre. Ou peut-être qu'il ne l'ouvre pas. En tout cas une voix sévère gronde derrière lui, je reconnais l'Anglais aux cercles de verre devant les yeux, celui qui nous a parlé hier. Et sans que ma mère n'ait relevé la tête, le voleur remet en place le médaillon. À travers la peau, je sens le petit morceau de métal froid pendre sur son ventre rebondi. Ma mère se retrouve nue, humiliée, avec le plan d'un trésor autour du cou, à se demander si ce trésor suffirait pour racheter nos vies à tous les trois.

Après nous avoir installés au pied d'un mât, on nous apporte un autre pichet d'eau et deux grands bols de fèves. Ma mère n'y touche pas.

– Il faut que tu manges, dit mon père la bouche pleine.

Ma mère recrache les morceaux que mon père lui fourre dans la bouche. Elle ne touche plus son ventre. Elle continue de penser avec ses mots tout là-haut, des mots sombres, des mots qui roulent et restent dans sa tête, sans jamais aller nulle part ailleurs. Des mots sans issue. Je crois que ma mère pense au pire.

Le pire. Elle se relève brusquement, traverse le pont et saute par-dessus bord pour s'enfuir, elle se noie. Ou bien elle avance vers un de nos gardiens armés, et se fait tuer. Ou bien elle refuse de se nourrir, et se laisse mourir. Ou bien elle continue d'exister en tant qu'esclave, elle me fait naître, elle me donne ma vie d'esclave, je suis esclave, je meurs esclave.

Ma mère voudrait savoir ce qui est pire, entre vivre sans vivre ou ne pas vivre. Elle teste sa capacité à supporter le pire, à me faire supporter ou éviter le pire. Je continue d'avoir envie d'exister, mais je sais aussi que, pour cela, il faut que tous les deux nous en ayons envie. Je supplie ma mère. J'insiste, j'essaie de combler le vide entre nous, je remue des bras et des jambes, je bascule, les battements de mon cœur s'accélèrent, je voudrais crier mais je n'ai encore jamais fait aucun bruit...

Les heures passent. Mornes. Vides. Jusqu'à ce qu'en milieu d'après-midi, mon père revienne sur son rêve de la nuit dernière.

– Les yeux du kraken ont parlé. Ils ont voulu me dire quelque chose.

Ma mère ne bronche pas, alors mon père continue de parler tout seul.

– Oui. Le kraken m'a dit d'être patient.

Ma mère ne réagit toujours pas, et mon père finit par la secouer en s'adressant à elle d'un ton ferme.

– Écoute-moi ! On finira par se rapprocher de la côte. Demain, après-demain, dans une semaine au plus. Peu importe où. Ce sera le moment pour nous enfuir. On va tout essayer. Peut-être même que l'Anglais qui nous a parlé va nous aider. D'accord ? En attendant, tu dois manger pour prendre des forces. Il faut que tu vives.

Ma mère se réveille doucement de sa torpeur. J'entends d'étranges respirations. Quelque chose progresse vers nous. Au ras du sol. Un corps à quatre pattes. Et après des heures et des heures de silence, la voix intérieure de ma mère sort doucement de sa carapace. D'abord un mot, puis deux.

– *… la… la tortue…*

Les mots reviennent comme avant, ma mère pose une main sur son ventre. Sur le ventre. Sur moi. Je la sens. Je l'entends. Elle me parle comme avant. Elle dit que la tortue est là. Vivante. Devant nous. Que les hommes l'ont épargnée, qu'elle nous regarde en dodelinant de la tête. La tortue avance encore jusqu'au pichet d'eau, jusqu'au bol de ma mère. Elle renifle les fèves intactes, mais ma mère est plus rapide. Elle attrape le bol, elle le protège contre sa poitrine. La tortue ne bouge plus, je l'entends respirer bruyamment, toute proche. Ma mère pose une fève sur le pont. Deux autres dans sa bouche. Une sur le pont pour la tortue, deux dans sa bouche pour elle et moi. Elle et moi et la tortue nous nous partageons les fèves, et quand le bol est vide mon père s'approche entre nous trois, il me parle en riant à travers le ventre.

– Alors, petite tortue, dit-il. Tu as bien mangé ? Petit poulpe... Petit kraken !

chapitre 6

En pleine nuit, des cris me réveillent. Le bateau n'avance plus. On vient nous chercher. Ma mère me dit qu'elle ne dormait pas, qu'elle écoutait l'agitation sur le pont depuis une heure. Les hommes qui manœuvrent, les gabiers qui grimpent aux mâts pour réduire les voiles, et surtout des cris d'oiseaux, annonçant la proximité des côtes.

– Reste attentive, dit mon père. Au moindre signe de ma part, il faudra fuir.

Trois hommes nous escortent. On traverse le pont en quatrième vitesse. Est-ce que l'homme aux cercles de verre devant les yeux est là ? Est-ce qu'il va tenter quelque chose pour nous ? Et où est la tortue ? Que va devenir la tortue ?

–*Tiens-toi prêt*, me dit ma mère.

Elle enjambe la lisse, deux hommes la réceptionnent dans une chaloupe, ils la font asseoir au fond. Mon père nous rejoint.

– *Tiens-toi prêt*, me répète ma mère. *Tiens-toi toujours prêt.*

Mais mon père ne lui fait aucun signe.

Entre les deux entraves qu'il porte aux chevilles, une chaîne pend, capable d'étrangler un homme. Si mon père était le kraken, ses jambes seraient des bras, des tentacules. Il aurait plusieurs paires de bras d'où pendraient plusieurs chaînes, et il étranglerait les hommes qui nous retiennent prisonniers. Si mon père était le kraken, il renverserait la chaloupe d'un tour de rein. Et la goélette en même temps, pour libérer la tortue. Si mon père était le kraken, il n'aurait pas peur des fusils, perdre une jambe ou deux ne changerait rien pour lui. Si mon père était le kraken, on n'en serait pas là. Mais mon père n'est qu'un homme. Ni lui ni moi ne sommes le kraken, nous sommes moins que des hommes, nous sommes des esclaves, mon père est un esclave et je suis à peine plus gros qu'une langouste coincée au fond d'une nasse.

Sur la chaloupe, il y a sept ou huit hommes blancs, peut-être dix, dont trois armés de fusils. C'est encore trop tôt pour tenter quoi que ce soit, alors ma mère souffle, et me décrit ce qu'elle voit. La nuit. La pleine lune. Des grappes d'étoiles. Des oiseaux noirs qui tournoient autour de nos têtes. Derrière nous, le bateau anglais ancré dans la rade. Devant, la rive bordée d'arbres touffus. Une plage. Un village. Plusieurs hommes qui attendent. *Tiens-toi prêt*, répète encore ma mère. *Nous arrivons*.

Avant que la chaloupe ne s'échoue sur le sable, les hommes nous basculent par-dessus bord. Ma mère s'agrippe à mon père, tous deux ont de l'eau jusqu'à la taille, et ils hésitent.

– Maintenant ? chuchote ma mère.

Si mon père était le kraken, il prendrait ma mère sous un de ses nombreux bras et il plongerait avec elle au fond de l'eau, et la tortue nous rejoindrait, et les hommes blancs ne nous reverraient pas de sitôt.

– Maintenant ? insiste ma mère.

– Non. Pas encore. Il y a trop d'hommes blancs dans les parages.

– Il y en aura de plus en plus si nous attendons trop...

Mon père et ma mère reçoivent un coup de crosse dans le dos pour avoir osé parler. On les fait avancer sur le sable. Traverser une haie de palmiers. Franchir des fortifications. Longer des baraquements, des entrepôts. Ils n'ont pas le temps de réagir qu'ils se retrouvent déjà devant une porte, confiée à six gardiens armés.

– C'est trop tard, chuchote ma mère.

– Nous aurons d'autres occasions, répond mon père. Nous en aurons plein d'autres, jusqu'à ce que ce soit la bonne.

Les gardiens ouvrent la lourde porte. Ma mère entre en premier et un instant, un bref instant qui semble pouvoir basculer dans l'éternité, elle s'arrête de respirer pendant que la porte se referme derrière nous.

J'entends grouiller. Des corps. Des chaînes. Des chuintements. Des plaintes sourdes. De sa voix étouffée de sanglots, ma mère détaille l'endroit. Un enclos, large rectangle de terre battue entouré d'une palissade infranchissable. Des hommes et des femmes et des enfants, comme nous, sont enfermés ici. Il y en a des centaines, tous allongés par terre, nus, emboîtés les uns dans les autres. Des centaines d'hommes et de femmes et d'enfants à la peau plus ou moins foncée, qui essaient de dormir en attendant d'être vendus.

Ma mère fait un pas en arrière, avant de s'effondrer.

chapitre 7

Au milieu de la nuit, une femme vient nous réconforter. Sa voix est remplie de soleil. Elle tient tête aux hommes blancs depuis des jours et des semaines et des mois, elle résiste au découragement. Son nom est Zana, elle nous explique qu'elle vient du sud de Madagascar, l'île de mon père. Que ceux qui sont ici viennent d'un peu partout en Afrique, parfois d'Inde.

– Comment s'appelle le pays où nous sommes ? demande mon père.

– Le Mozambique, répond Zana. La baie de Delagoa. Ici, c'est une factorerie portugaise. Les Portugais contrôlent la région. Dans d'autres endroits du monde, les hommes blancs ont interdit de vendre des esclaves, mais pas encore ici. On dit même que les Anglais voudraient supprimer totalement l'esclavage.

– Ce sont des Anglais qui nous ont amenés jusqu'ici, fait remarquer mon père.

Zana sourit. Je sens la lumière de son sourire dans sa voix.

– Il faut du temps pour que germe la graine, dit-elle.

Par réflexe, ma mère caresse son ventre. Mon père mélange ses doigts à ceux de ma mère. J'ai leurs quatre mains autour de moi, je peux sentir leur contact à travers le ventre, et j'entends Zana parler d'une graine invisible qui s'appelle la liberté.

Et ma mère me dit : *Zana a raison, il faut du temps. J'ai eu tort de me morfondre. Nous fuirons. Tu naîtras. Tu seras libre. Je te confierai le collier que je porte autour du cou, et tu trouveras le trésor de notre ancêtre.*

Quand la nuit s'effiloche et que le ciel devient plus clair, autour de nous les prisonniers commencent à s'animer. Certains se lamentent. D'autres préfèrent chanter. J'entends même des rires. Ma mère me dit que les hommes sont enchaînés par groupes de dix. Les femmes et les enfants peuvent circuler librement, mais l'espace est saturé. Combien sommes-nous ici ? Peut-être trois cents, estime ma mère. Peut-être plus. Et elle m'explique que c'est impossible de compter tellement nous sommes nombreux. C'est aussi absurde que de vouloir compter les étoiles dans la nuit, ou les poissons au fond la mer. Et elle ajoute : sauf que la nuit et la mer sont des enclos infinis, que les étoiles et les poissons sont infiniment libres.

Tard dans la matinée, les hommes blancs nous distribuent des bols remplis de soupe de manioc, un fruit chacun, une ration d'eau et un biscuit. Ma mère dévore tout. Mon père lui cède sa part, et elle réclame encore. Elle a faim et soif, elle veut rassembler toutes ses forces pour le moment où il faudra fuir. Mais Zana nous prévient que nous n'aurons rien d'autre avant le soir.

D'autres femmes viennent nous rencontrer, nous, les nouveaux. Elles ont tous les âges, parlent avec des mots que l'on ne comprend pas toujours. Leurs enfants les suivent, pareils à des ombres. Ces femmes sont nues, certaines portent un bébé qu'elles allaitent en pleurant. Elles regardent ma mère avec insistance. Surtout son ventre. Elles veulent toucher le ventre, je sens leurs doigts me palper. Zana prétend que ça leur portera chance. Elles veulent aussi effleurer le médaillon que ma mère porte autour du cou. Quelques-unes sont jalouses, elles disent qu'on leur a tout retiré, tandis que ma mère a encore ce modeste bijou, en plus de moi.

– Vous aussi, vous avez des enfants ! s'énerve Zana. Ouvrez les yeux ! Regardez-les ! Ils sont accrochés à vos seins ou à vos jambes...

Les femmes protestent. Elles savent que leurs plus grands enfants seront vendus séparément.

Avec sa voix qui déborde de soleil, Zana dit que ma mère ne doit pas oublier le feu qui est dans son ventre. Que ce feu, c'est moi, que je l'illumine de l'intérieur. Ma mère retient ses larmes, ses larmes inondent son corps et je suis le feu, Zana est le soleil du dehors et moi le feu du dedans, nos flammes sèchent les larmes et dissipent les chagrins.

– *Tu es plus gros qu'une langouste*, me dit ma mère. *Zana a raison. Tu es le feu. Aussi gros qu'un soleil. Aussi lumineux. Tu es notre bébé kraken phosphorescent, tes jambes et tes bras sont des flammes brûlant à travers moi.*

Zana raconte brièvement son histoire. Elle dit qu'il y a longtemps, un de ses frères l'a vendue à un Français contre une couverture, deux couteaux et trois fusils. Que ce Français lui a fait un enfant. Zana s'occupait de lui et de la maison du Français. Quand l'enfant a eu 11 ans, le Français a décidé de retourner en Europe. Il a revendu Zana contre un cheval, avant de partir avec l'enfant. Zana ne les a jamais revus, mais on lui a dit qu'un Français avait été retrouvé mort dans les montagnes près de chez elle. Et depuis, aucune trace du cheval ni de l'enfant. Zana est persuadée que son enfant est vivant, qu'il s'est enfui sur le dos du cheval et qu'il cherche encore sa mère.

– C'était il y a combien de temps ? demande ma mère.

Zana ne sait plus trop bien. C'était il y a plusieurs lunes, mais peu importe. Elle et lui se reverront un jour ou l'autre.

– *Zana est aveugle*, m'avoue ma mère. *Ses yeux s'infectent. Je crois qu'elle s'est crevé les yeux volontairement, pour ne plus être vendue. Personne ne voudra acheter une esclave aveugle. On finira par la libérer, et peut-être qu'un jour elle retrouvera son fils. Mais ses yeux ne le reverront jamais. Jamais.*

Je demande : *Est-ce que tu vas devenir aveugle ?*

Ma mère n'entend toujours pas mes questions.

Un peu plus tard, mon père revient près de nous. Il a passé une heure à discuter avec des hommes qui veulent tenter quelque chose pour s'enfuir.

– Nous sommes plus nombreux que les Blancs.

– Les hommes blancs ont des fusils, lui rappelle ma mère. Les hommes blancs ont les clés pour les fers que vous avez aux pieds, et ils ont les fusils pour vous tuer.

– Je sais. Je sais tout ça.

Et mon père rumine des heures et des heures. Il retourne avec les hommes. Il écoute. Il donne probablement son avis. Tous ces hommes échafaudent des plans d'évasion avant de s'écrouler dans la poussière, en proie au découragement.

– C'est encore trop tôt, conclut mon père.

– C'est toujours trop tôt, s'irrite ma mère. Ou trop tard.

– Penses-tu vraiment que ce soit trop tard ?

Ses mains vont et viennent sur le ventre, des hanches jusqu'au nombril. Je les sens se croiser puis se décroiser autour de moi, comme des pensées contraires.

– Non, finit par répondre ma mère. C'est souvent trop tôt, mais jamais trop tard. Simplement, il faut du temps.

chapitre 8

Le lendemain, des clameurs et des coups de fusils retentissent dès l'aube. Zana nous explique que des caravanes d'hommes et de femmes arrivent de l'intérieur des terres. Que la plupart sont des esclaves qui vont être vendus aux hommes blancs par leurs ennemis, ou leurs propres frères. Des hommes noirs qui les ont chassés comme des proies, attrapés vivants et conduits jusqu'ici à coups de fouet. Qu'ils apportent également des bœufs, des chèvres, du riz, de l'ivoire, de la cire d'abeille, plus rarement de l'or. Qu'en échange, les hommes blancs leur céderont des marchandises étrangères. Des tissus, du tabac, de l'alcool, des outils et des armes...

– Quand on sera trop nombreux, annonce Zana, les Portugais viendront choisir les meilleurs d'entre nous pour les emporter sur un autre continent.

– Et qui sont les meilleurs d'entre nous ? s'inquiète mon père.

Les nouveaux arrivants entrent par dizaines. Ma mère renonce à les compter. Elle dit que certains ont le dos strié de cicatrices. Que d'autres jettent des yeux éperdus autour d'eux. Que les plus faibles croulent sous la fatigue. Les hommes blancs qui les accompagnent leur ordonnent de rester debout, pour laisser la place aux suivants. Ceux qui dormaient par terre tentent de conserver leur maigre territoire, mais des nuages de poussière les obligent à se lever en toussant. Il en rentre tant et tant, des hommes, des femmes, des enfants, que bientôt tout le monde est contraint de stationner debout. L'agitation est à son comble, quand des cris jaillissent tout au fond de l'enclos.

– Les hommes blancs vont être obligés de faire le tri, prévoit Zana. Ils vont tous nous passer en revue pour nous évaluer.

– J'ai peur, bredouille ma mère.

– Tu n'as pas à avoir peur, lui répond Zana. Porte ton ventre comme un trophée. C'est peut-être ta chance. Ils ne prendront pas le risque de t'embarquer pour une traversée de plusieurs mois en voyant que ton ventre est plein. Tu resteras ici pour accoucher. D'ici là, peut-être que tu auras ta chance.

– Et moi ? interroge mon père.

– Toi, tu partiras sans doute. Montre-toi fort. Il faut te préserver pour être en vie le jour où on rendra sa liberté à chacun.

– Et si je ne veux pas partir ? demande mon père. Si je veux voir naître l'enfant ?

Zana ne répond pas.

Et mon père doit penser : « si je me crève les yeux, est-ce que j'ai une chance de m'en sortir comme Zana ? » Et tous ici pourraient penser la même chose : « si tous ensemble nous nous crevons les yeux ? Si tous les esclaves s'éborgnent les uns les autres, qu'est-ce qui se passera ? Que feront les hommes blancs qui nous regardent déjà comme si nous n'avions ni les yeux ni l'esprit pour les voir et comprendre ce qu'ils nous font subir ? »

chapitre 9

L'après-midi du lendemain, on vient nous chercher par paquets de huit. Zana, ma mère et mon père se retrouvent dans le même lot. Ils marchent l'un derrière l'autre. Autour, j'entends un troupeau de chèvres bêler. Des volailles affolées leur courent entre les pattes.

– Il faut que tu restes ici, dit mon père.

– Ici où ? demande ma mère.

– En Afrique.

– Seule ?

– Tu n'es pas seule. Il y a l'enfant.

– Je préfère partir avec toi, dit ma mère.

– Ils ne te laisseront pas partir.

– Alors je préfère que tu restes aussi.

– C'est impossible.

– Dans ces conditions, j'insisterai pour partir avec toi, tranche ma mère.

– Non, tu resteras ici.

À l'abri sous une hutte, trois hommes blancs nous alignent. Ils prennent le premier de la file, et commencent à l'examiner.

– Tu resteras ici, répète mon père. Tu dois faire ce que je dis. Écoute Zana…

– *Je ne sais plus ce qu'il faut faire*, m'avoue ma mère. *Je ne sais plus. Est-ce que tu m'entends, petit kraken ? Crois-tu que mon ventre suffise pour que je reste ici ? Et pourquoi rester ici sans ton père ? Comment être sûre que c'est ici qu'il faut rester ? Et si j'insiste pour partir, crois-tu que les Blancs m'écouteront ? Et si nous partons avec ton père, sans savoir où, est-ce que toi, petit kraken, tu supporteras ce pénible voyage ? Quel continent choisir ? Je ne sais même pas si j'ai le choix.*

Un par un, chacun subit l'examen des hommes blancs. Ma mère me fait les commentaires. La bouche, les dents, les yeux, les oreilles, la gorge. Les principales parties du corps sont inspectées. Notre corps est une marchandise, on en vérifie la qualité avant de la charger, pour en estimer la valeur. Les poumons, le pouls, le cœur. Les muscles. Les doigts, les orteils. Ensuite, celui ou celle qui est considéré comme valide doit s'asseoir sur une caisse. Bras tendus. Tête baissée. Il faut que la marchandise soit propre. On lui coupe les ongles, on lui rase le crâne. Et celui ou celle qui n'est pas valide est écarté. Zana est écartée, m'apprend ma mère. Pour l'instant, elle reste prostrée dans un coin, à guetter les ordres.

Je n'écoute plus ma mère. Je pense à Zana. Je me demande ce qu'elle voit dans sa tête. Si à l'intérieur de sa tête, c'est comme pour moi à l'intérieur du ventre. Si Zana, aveugle, distingue des formes floues et des lumières qui dansent, des fantômes joyeux et d'autres plus inquiétants. Peut-être même son fils. Oui, dans sa tête aveugle j'imagine qu'il y a son fils, comme moi je suis dans le ventre aveugle de ma mère. Dans la tête aveugle de Zana, il y a un fils sur le dos d'un cheval, et ce cheval galope en même temps que son cœur, et aucun homme blanc ne pourra déloger ce cheval ni toucher à ce fils.

Quand vient son tour, ma mère se raidit. Elle rentre son ventre au maximum, en serrant les fesses. Raide et silencieuse. Elle se laisse manipuler sans rien dire. La bouche, les dents, les yeux, les oreilles, la gorge. Les poumons, le pouls, le cœur. Les muscles. Les doigts, les orteils. Le ventre…

– *Fais-toi tout petit*, me supplie ma mère. *Fais-toi oublier un instant, petit kraken, imagine-toi plus discret qu'une poussière.*

Et en palpant son ventre, évidemment les hommes blancs me découvrent. Ma mère retient son souffle. Zana connaît quelques mots de portugais, elle parle de sa voix la plus douce aux hommes blancs, qui hésitent. L'un d'eux s'absente quelques minutes, et jusqu'à ce qu'il revienne ma mère garde les fesses serrées, le ventre rentré au maximum. L'homme dit deux mots en portugais. Zana traduit.

– Le capitaine va venir.

Ma mère suffoque. Jusqu'à l'arrivée du capitaine, elle ne desserre pas les fesses, poitrine en avant, ventre en arrière. Les hommes blancs la laissent de côté et se penchent sur mon père. Toujours le même rituel. Bouche, dents, yeux, oreilles, gorge. Poumons, pouls, cœur. Combien de muscles ces hommes auront-ils machinalement tâtés à la fin de la journée ? Combien de doigts et d'orteils auront-ils écartés ? Mon père se laisse faire, résigné. On retire les fers qu'il a aux pieds, avant d'appliquer un pansement sur ses chevilles meurtries. On s'apprête à lui couper les ongles et à lui raser le crâne, lorsqu'une voix forte retentit, et qu'un homme s'introduit bruyamment dans la hutte. C'est le capitaine. Ma mère me dit que sa peau tendue et sa bedaine le font ressembler à une outre pleine. Que même si j'attendais trois ans avant de naître, elle ne pourrait jamais rivaliser avec un si gros ventre. Que des gouttes de sueur transpirent sous ses yeux furieux. Que c'est une sorte de baleine qui la regarde, en lui disant des mots portugais qu'elle ne comprend pas. Puis des mots anglais, qu'elle ne comprend toujours pas. Jusqu'à ce qu'il parle un français approximatif.

– Un bébé, dit-il. Dans ventre.

– Non, répond calmement ma mère.

– Si ! crie mon père. Si !

Et je l'entends brailler, suppliant les hommes blancs de ne pas faire partir sa femme, d'avoir pitié d'elle et de moi. On l'expulse de la hutte. Je l'entends beugler de douleur, puis ses cris se mêlent aux cris des animaux alentour. Zana disparaît également, tout le monde sort. Bientôt, je ne perçois plus que les souffles de ma mère et des hommes blancs qui l'entourent. Je sens des mains étrangères se promener sur le ventre exagérément rentré de ma mère, sur son bas-ventre, sur la poche à l'intérieur de laquelle je me fais tout petit...

– *Plus petit qu'une poussière*, me souffle ma mère.

– Pas mentir, dit le capitaine. Bébé pour très bientôt, oui ou non ?

Ma mère se contracte encore. Tout en frissonnant. Elle se crispe et finit par relâcher tous ses efforts d'un coup, épuisée. Son ventre reprend brusquement toute sa place, et les hommes blancs éclatent d'un rire libérateur.

– Tu vouloir partir ? demande sèchement le capitaine. Partir avec les autres, ou vendue ici ?

– Avec les autres, articule ma mère.

Le capitaine soupire, avant de remarquer le médaillon que ma mère porte autour du cou. Il le lui arrache.

– Tu être à moi, dit-il. Moi le maître. Tout ce que tu avoir être à moi. Compris ? L'enfant dans le ventre être à moi, et bijou être à moi.

Ma mère fixe le capitaine sans broncher. Et lui, avec ses gros doigts boudinés, ouvre le minuscule écrin, avant de déplier le mystérieux papier caché à l'intérieur. Ses yeux tentent vainement de déchiffrer le cryptogramme.

– Où tu voler ce bijou ?

– Je ne l'ai pas volé.

– Tu tout dire. Tu savoir quoi sur papier dans le bijou ?

Ma mère baisse la tête.

– Parle ! s'impatiente le capitaine. Et pas mentir.

– C'est mon père qui a offert ce bijou à ma mère, finit par répondre ma mère. Et c'est le père de la mère de la mère de ma mère qui a écrit le message à l'intérieur.

En entendant l'énumération de ces nombreuses mères, le capitaine rit grassement. Il range le papier dans l'écrin, et fourre le tout au fond de sa poche.

– Tu venir de où ? demande-t-il encore.

– Nosy Boraha, près de Madagascar. Je m'appelle Novaaaa.

– Maintenant tu t'appelles Maria, décide le capitaine. Et je discuter plus tard avec tu. Sur le bateau. Tu avoir le temps de raconter ton histoire...

L'instant d'après, le capitaine se retourne, donne quelques ordres en portugais, et repart. Puis c'est mon père qui est ramené pour se faire tondre. Lui et ma mère se font tondre en même temps, assis tous les deux sur la même caisse. L'un contre l'autre. Leurs ongles et leurs cheveux et leurs larmes se mélangent à leurs pieds, tandis qu'on leur enduit le crâne d'huile de palme. Ils luisent. Ils pleurent et ils pleurent encore. Et parmi toutes ces larmes et ces hoquets, je perçois les battements du cœur de ma mère, qui s'emballe, je sens un éclair de joie remonter jusqu'à sa gorge et irradier son visage, puis je devine mon père à genoux, sa tête lisse et chaude et luisante appuyée contre le ventre lisse et chaud et luisant de ma mère.

chapitre 10

Nous embarquons deux jours plus tard. À bord d'un bateau plus grand encore, plus haut et plus profond, avec trois mâts battant pavillon portugais. Ma mère essaie de me raconter, mais elle dit que tout va trop vite, que quand tout s'accélère les mots sont lents et impuissants pour décrire plusieurs sentiments à la fois. Il y a les hommes qui tremblent, ceux qui se débattent. Ceux qui hurlent de rage. Deux femmes qui sautent d'une chaloupe, la première qui est aussitôt repêchée, l'autre rejointe par un requin. Il y a les enfants accrochés aux bras de leurs parents. Et tous, hommes, femmes, enfants, empruntent l'échelle de corde pour grimper le long de la coque. Toutes et tous, des dizaines et des centaines d'anonymes à la peau foncée, appartiennent désormais au capitaine De Campos. Toutes et tous ont deux lettres marquées au fer rouge sur la poitrine. OF. Les initiales du bateau, *O Furioso*.

– *Certains disent que ce bateau est notre cercueil*, m'avoue ma mère. *Mais c'est faux. Archifaux. Tant que nous sommes vivants, même un cercueil n'est rien d'autre qu'une boîte qui flotte. Tant que nous sommes vivants, un cercueil est un bateau. Et nous sommes vivants. Tu es vivant. Et un jour tu naîtras. Un jour tu seras libre. Un autre jour, tu récupéreras le collier que m'a volé le capitaine. Jusqu'au jour où tu trouveras le trésor.*

Ma mère embarque avec un groupe de femmes. On nous pousse. On nous presse. Le bétail monte en même temps que nous. Une paire de bœufs, quelques moutons, quelques chèvres, des volailles... On les parque sur le pont. Les hommes sont dirigés vers une soute, les femmes vers une autre. À genoux pour prendre moins de place. Emboîtés les uns dans les autres. Mon père doit déjà être quelque part là-dessous, ma mère attend son tour. Sur la plage, elle aperçoit une silhouette reconnaissable entre toutes, une femme qui avance à tâtons, les bras tendus en avant.

– ZANAAA ! hurle ma mère.

Zana n'entend pas tout de suite. Ma mère hurle encore.

– ZAANAAA !!!

Et j'imagine que Zana crie à son tour. Le chahut sur le pont nous empêche d'entendre son cri lointain, mais j'imagine que Zana a encore des éclats de soleil dans la voix. Encore et toujours. Elle est libre et elle crie sans doute qu'elle va bientôt retrouver son fils. J'imagine que tout ça puisse être vrai, j'imagine le cri de Zana au loin, lorsqu'un coup de canon fait violemment vibrer le bateau. C'est le signal du départ. L'ancre est levée. Les voiles sont hissées, les marins saluent ceux qui sont restés à terre. Un autre coup de canon tonne depuis le rivage, puis une salve entière fait s'envoler des nuées d'oiseaux. Les canons se répondent durant une poignée de minutes, et chaque détonation me fait sursauter au fond du ventre.

– *Le soleil s'est levé*, me dit ma mère. *Le soleil s'est levé sur l'Afrique*, *et je ne sais pas si mes yeux le reverront un jour se lever sur ce continent. Est-ce que le soleil est le même partout ?*

chapitre 11

– *Il faut parler d'autre chose*, me dit ma mère. *Pour vivre, il faut ne plus penser au pire, et le pire est tout autour de nous dans les entrailles de ce bateau. Il faut parler d'autre chose que des entrailles de ce bateau.*

Ma mère souffle. Tout autour d'elle, je perçois d'autres souffles, d'autres têtes qui remuent, d'autres corps qui se cognent les uns aux autres, des pelotes de bras et de jambes qui s'entortillent. Et tous ces bras et ces jambes entortillés me rappellent le rêve de mon père, quand il nage parmi les nombreux bras du kraken, et que les yeux du kraken le fixent pour lui dire d'être patient. De rester vivant. Vivant.

– *Il faut parler d'autre chose*, répète ma mère. *Je vais te raconter ce qui est beau. Ici je ne vois rien de beau, mais ce qui est beau ne concerne pas toujours les yeux, Zana aurait pu nous apprendre ça. Ce qui est beau se sent aussi sur notre peau, comme ce souffle qui passe entre les interstices des écoutilles, ce souffle qui vient du dehors et se mêle à nos souffles. Le vent est quelque chose de beau, je crois. Je vais t'apprendre le vent.*

Et ma mère souffle encore. Elle dit : *Le vent est comme mon souffle en plus grand. Le vent fait onduler la mer, il forme les vagues par milliers, et ce sont les vagues et le vent qui font avancer ce bateau. Est-ce que tu sens ce mouvement ?*

– *Je vais aussi t'apprendre la pluie*, dit ma mère. *Je vais te l'apprendre parce qu'ici on étouffe, et que la pluie serait la bienvenue, elle nous rafraîchirait tous.*

Et des heures et des heures durant, croulant sous la chaleur, percluse de crampes, ma mère me raconte le vent, la pluie, les nuages, la lumière et l'horizon. Des heures et des heures durant, ma mère se rappelle de tout ce qu'elle connaît de beau. Les oiseaux. Le sable de Nosy Boraha qui scintille de mille feux au soleil, tous les coquillages pulvérisés sous nos pieds. Les baleines à bosse.

– *Et les tortues ?* je demande.

Parce que moi aussi je commence à faire la part des choses. Moi aussi je me souviens. Je suis à l'étroit dans le ventre, et je ne l'ai pas toujours été, et ça ne durera pas. Je sais ce que c'est que le vide et le plein, le silence et le bruit, le calme et le mouvement. Et même si le soleil me semble encore inaccessible, je sens sa présence ou son absence. Même si je suis à l'abri dans ma poche remplie de gargouillis et de battements cardiaques, je devine tous les autres ventres autour de nous. Tous les ventres vides qui gargouillent eux aussi, tous les cœurs qui battent, les bouches qui s'ouvrent en grand pour réclamer de l'air. Moi aussi je me souviens. Je suis vivant, et bientôt je vais naître. Un jour dans plusieurs jours. Plusieurs lunes. Ma mère me l'a dit et répété, un jour je serai libre. Un autre jour, je verrai avec mes yeux toutes les horreurs du monde et tout ce qui est beau. Ce que c'est que d'être un esclave et ce que c'est qu'une tortue. Et je récupérerai le médaillon que le capitaine de ce bateau a volé à ma mère. Et je serai libre. Et je trouverai le trésor. Je le trouverai.

chapitre 12

– *Il faut s'organiser*, me dit ma mère. *Ne pas tout mélanger. Ne pas laisser s'éparpiller nos vies. Compter les jours, et en raconter un seul à la fois. Trouver un objet pointu et tailler dans le bois du bateau, une encoche pour chaque jour.*

Et comme elle ne trouve rien, ma mère se mord la lèvre inférieure. Chaque morsure représente un jour.

Le premier jour, les hommes blancs ne nous autorisent pas à sortir des cales. Ma mère dit qu'ils préfèrent s'éloigner des côtes, et éviter que certains d'entre nous soient tentés de sauter par-dessus bord. Seuls les enfants sont sur le pont. À l'avant, juste au-dessus des femmes. À l'abri sous des toiles goudronnées tendues autour du mât de misaine. Leurs cris se mêlent à ceux des animaux. Les plus grands essaient de calmer les plus petits en chantant.

Un seul repas nous a été distribué, juste avant l'embarquement. Après la confusion des premières heures, les femmes se sont arrangées pour que chacune puisse avoir son espace, l'espace minimum d'un corps pour chaque corps. En position assise ou en position allongée. Dans la nuit, personne n'a vraiment dormi.

Le deuxième jour, on vient nous ouvrir peu après l'aube. La mer est calme. On devine encore les côtes à l'horizon. Nous avons droit à deux repas, un le matin et l'autre en fin d'après-midi, constitués chacun d'un bouillon fadasse, d'une ration de riz, de maïs ou de manioc, et d'un fruit. Aux femmes, installées à l'avant du bateau avec les enfants, on distribue deux mètres de tissu pour s'en servir de pagne. Les hommes restent nus, à proximité du grand mât. Ils sont enchaînés deux par deux. Ma mère repère très vite mon père. Toute la journée, elle garde les yeux rivés sur lui.

– *Les hommes blancs se méfient encore*, me dit-elle. *Ils surveillent chacun d'entre nous. Leurs fusils ne les empêchent pas d'avoir peur.*

Le troisième jour, une chèvre malade est tuée sur place. Un coup de couteau sous la gorge, puis deux hommes s'occupent de la dépecer. Une femme sanglote en expliquant que les hommes blancs vont tuer chaque chèvre, chaque bœuf, chaque volaille. Et que quand ils auront mangé tous les animaux, ils nous mangeront nous.

– *Ce n'est pas vrai*, me dit ma mère. *Ça ne peut pas être vrai.*

Plus tard, le capitaine apparaît sur la dunette. Il discute longuement avec les officiers, puis l'un d'eux vient répéter ses ordres. Désormais les femmes pourront circuler librement sur le pont jusqu'au coucher du soleil. Ma mère s'empresse d'aller retrouver mon père.

– Qu'as-tu aux lèvres ? s'inquiète celui-ci.

– Je compte les jours.

– Arrête tout de suite, ça va s'infecter.

– J'ai entendu une femme expliquer que les hommes blancs vont nous manger, dit ma mère.

Mon père rigole.

– Ce sont des histoires pour se faire peur. Et d'ailleurs, si tu n'arrêtes pas tout de suite de te mordre, les hommes blancs n'auront plus rien à manger !

Le quatrième jour, ma mère constate que sa lèvre inférieure commence à enfler. Elle se mord la lèvre supérieure. Puis comme les hommes ne sont pas encore sortis, elle s'approche des animaux. Les bœufs et les chèvres sont attachés à des cordes, les poules caquettent à plusieurs dans des cages.

– *Ce ne sont plus des animaux*, me dit ma mère. *C'est de la nourriture vivante*.

On entrepose la nourriture vivante sur le pont, et la nourriture morte tout au fond des cales, dans des tonneaux. La nuit, les esclaves ne sont ni morts ni vivants, ils dorment entre la nourriture morte et la nourriture vivante, dans l'entrepont.

Ma mère observe longuement les animaux.

– *Je n'aurais pas dû parler comme ça*, me dit-elle. *J'avais promis. Il faut tenir bon, ne pas se laisser aller, oublier le pire. Oublier le pire*, répète-t-elle. *Oublier le pire.*

L'instant d'après, les battements de son cœur s'accélèrent. Elle vient d'apercevoir quelque chose. Quelque chose qui la trouble suffisamment pour qu'elle en oublie de me dire quoi, et piétine en attendant que mon père soit enfin autorisé à sortir.

– Il y a une tortue cachée derrière un canot, lui apprend-elle.

– Notre tortue ? demande mon père.

– Non. Celle-ci est plus petite.

Cette fois, c'est mon cœur qui s'emballe. Comme si nous étions responsables de cette tortue. Comme si pour nous, elle représentait beaucoup plus qu'une tortue. Quoi exactement ? Le contraire du pire ?

– Il faudrait l'amener jusqu'ici, dit mon père. À nous deux, nous pourrions la mettre à l'eau. Demain, j'essaierai de m'asseoir plus près du bord.

Le cinquième jour, les femmes sont regroupées par paquets de dix pour la douche hebdomadaire. Ensuite vient le tour des hommes. Puis le pont est frotté au vinaigre. Chacune et chacun sèche au soleil. Ma mère n'a pas encore eu le temps de se mordre pour compter les jours, que le chirurgien inspecte toutes les bouches. Il s'attarde sur celle de ma mère, l'oblige à se gargariser de jus de citron, puis lui applique une sorte de pommade acide sur les lèvres. Mon père l'attend comme prévu près du bastingage.

– Ça s'est infecté, dit-il. Je t'avais dit d'arrêter ça.

– C'est pour compter les jours, se défend ma mère.

– Il y a d'autres moyens.

Et avec les fers qu'il a aux pieds, mon père griffe le sol. Cinq griffures, une pour chaque jour.

– Où est la tortue ? demande-t-il ensuite.

– Je ne sais pas, répond ma mère. Je ne l'ai trouvée nulle part.

Le silence qui suit les enchâsse l'un à l'autre. Je crois que ma mère pleure. En coulant, les larmes sont comme les minutes, elles ne font aucun bruit.

– On a le temps, finit par dire mon père. On a tout notre temps.

chapitre 13

Les lèvres de ma mère cicatrisent bien. Avec le temps, mon père oublie de creuser des entailles avec ses fers, et bientôt les griffures s'effacent sur le pont, elles se confondent avec les nervures du bois. Les jours disparaissent les uns après les autres, sans que ni mon père ni ma mère ne les comptabilisent. Les jours cicatrisent. Ma mère dit qu'on ne distingue plus le continent ni d'un bord ni de l'autre, hier et demain se confondent, il ne reste plus que l'océan à perte de vue. Et la tortue reste introuvable.

– On a le temps, répète régulièrement mon père. On a tout notre temps.

Mais même le temps n'est plus qu'une immense cicatrice qui se referme sur nous. Avec leurs rituels, les hommes blancs s'emploient à ce que chaque jour soit la répétition d'un autre jour. Les esclaves et le bateau sont leurs jouets. Si les voiles s'effilent, il faut les recoudre. Si les bailles à déjection sont pleines, il faut les vider, puis gratter et frotter le pont et l'entrepont au vinaigre. Si les corps sont blessés, il faut les soigner, les rincer, si la peau est malade, il faut l'enduire à l'huile de palme. Il faut contrôler les yeux et la bouche. Si des ongles ou des cheveux repoussent, il faut couper et raser. Les hommes blancs veulent que tout ressemble au premier jour.

J'attends toujours de savoir ce que veut dire le premier jour. Chaque jour et chaque nuit m'en rapprochent. Je m'y prépare déjà, la tête en bas. Ma mère dit que c'est encore trop tôt, mais je sais que rien ne m'empêche de sortir aujourd'hui, sinon sa volonté à elle, sa farouche volonté de ne jamais me faire respirer l'air vicié de l'entrepont. Tout dépendra du ciel. Depuis le départ, le vent est plutôt favorable, le bateau file à bonne allure. Ma mère peut me garder encore, me retenir. Elle peut encore repousser le premier jour. Mais tout change vite. Tout change toujours très vite, me répète ma mère, c'est pour ça qu'il faut à la fois rester prudent sans cesser d'espérer. Le premier jour peut aussi être le dernier jour. Parce que sur ce bateau, le premier jour est enchaîné au dernier jour.

Dans mes rêves peuplés de couleurs et de lumières, l'Afrique et l'Amérique sont les lèvres inférieure et supérieure d'une même bouche. L'océan est le ventre à l'intérieur de cette bouche. Et je suis dedans, et j'attends. J'attends que les lèvres s'écartent pour me montrer.

chapitre 14

Le temps disparaît, comme a disparu la tortue. Je n'en entends plus parler. Mon père ne parle plus non plus de s'enfuir. Il ne parle plus jamais du kraken. Il parle surtout de Mbo.

Un jour sur deux, la cheville droite et le poignet droit de mon père sont enchaînés à la cheville gauche et au poignet gauche d'un autre homme. Les autres jours, c'est sa cheville gauche et son poignet gauche qui s'attachent à la cheville droite et au poignet droit de l'homme. Ma mère me le décrit comme quelqu'un de grand, très grand et très fort. Fort comme un arbre sans racines. Son visage et sa peau partiellement scarifiés le font ressembler à un tronc dont l'écorce se détache. Il s'appelle Mbo. Il dit qu'il vient du pays des arbres géants et des rivières d'argent. Mon père a bien cherché à en savoir plus, mais Mbo ne sait dire que ça : « Je m'appelle Mbo et je viens du pays des arbres géants et des rivières d'argent. »

Sur ce bateau, le premier jour est enchaîné au dernier jour, comme Mbo à mon père. Et quand je rêve du pays des arbres géants et des rivières d'argent, quand j'imagine Mbo dans un pays où les arbres touchent le ciel, où les rivières sont des flèches de lumière, je constate que plus le temps passe, plus je suis à l'étroit dans le ventre, et plus mes rêves s'agrandissent. La nuit, je sens souvent une vague, un tourbillon qui m'entraîne hors du ventre. Je me sens naître, et en même temps je me sens mourir. Comme si l'espace infini s'ouvrait autour de moi. Qu'il n'y avait plus rien pour me retenir. Alors je remue des bras et des jambes, et ma mère cherche à me calmer en posant ses deux mains sur le ventre.

Quand ce n'est pas mon père, c'est ma mère qui parle de Mbo. En début d'après-midi, quand ils ne croupissent pas dans l'entrepont, arrimés comme un paquet de chair et d'os, les hommes s'agglutinent autour du grand mât. Pour dégourdir leurs membres ankylosés, on les incite à danser. S'ensuivent des rondes improbables, où le tambour et le cliquetis des chaînes accompagnent les chants d'une partie des esclaves. Mbo ne participe jamais à ces chants. Ni mon père. Mbo et mon père se contentent de danser parce qu'ils n'ont pas le choix, et ma mère évite de les regarder dans ces moments-là. Elle dit que les Blancs ne savent plus quoi inventer pour humilier les Noirs. Elle ne dit plus « les hommes blancs » ou « les hommes noirs », elle dit juste « les Blancs » et « les Noirs ». Comme si, sur ce bateau, il n'y avait plus d'hommes. Plus que des maîtres qui font danser les esclaves.

Ma mère se fait du souci pour Mbo. Elle dit qu'en regardant ses yeux, elle a parfois l'impression de voir les yeux vides de Zana. Mbo n'est pas aveugle, mais ses yeux sont pareils à des nœuds dans le bois d'un arbre.

Et un après-midi que les tambours rythment une de ces pitoyables chorégraphies sur le pont, Mbo s'effondre bruyamment. Dans sa chute, son corps entraîne mon père et un autre couple de danseurs. Les tambours et les chants stoppent aussitôt. On le fouette, mais Mbo ne se relève pas. Avec mon père, on le traîne à l'écart du groupe. Le chirurgien rapplique. Il se contente de lui administrer un remède jaunâtre et visqueux, que Mbo recrache aussitôt. Le chirurgien est déjà reparti. Mbo finit par se relever, mais il titube.

Mbo dépérit de jour en jour. Il refuse de s'alimenter. Les Blancs ont inventé une machine à ouvrir la bouche. Ils enfoncent une clé, prolongée de deux tiges collées l'une à l'autre, entre les lèvres de Mbo. Ils tournent la clé, les tiges s'écartent, et la bouche de Mbo s'ouvre. On lui enfourne alors quelques cuillerées de bouillon, qu'il ingurgite tant bien que mal.

Fiévreux et délirant, Mbo commence à se confier à mon père et à ma mère. Il dit que dans son pays, il a refusé de se battre contre une tribu voisine, parce qu'il y avait dans cette tribu une femme qu'il aimait. On l'a puni pour ça. On en a fait un esclave. Il a traversé des pays qui n'étaient pas le sien, des pays où les arbres étaient de plus en plus petits, où les rivières s'asséchaient. Et puis avant d'être vendus aux Blancs, lui et d'autres ont dû tourner neuf fois autour de l'arbre de l'oubli, pour effacer de leurs mémoires leurs origines. Mbo n'a pourtant rien oublié. Plusieurs fois par jour, il répète : « Je m'appelle Mbo et je viens du pays des arbres géants et des rivières d'argent. »

Mbo meurt en pleine nuit. Personne ne m'a encore rien dit, mais je le devine. Et j'ai toujours en tête la phrase de ma mère : « Sur ce bateau, le premier jour est enchaîné au dernier jour. » Je suis persuadé que le dernier jour de Mbo est enchaîné à mon premier jour. Alors je me prépare pour naître.

Et le matin suivant, effectivement Mbo est mort. Mais je ne suis toujours pas né. Le temps est si mauvais que les hommes doivent rester confinés dans l'entrepont. L'air est irrespirable. Poisseux. Ma mère me retient.

Pendant deux jours et deux nuits, la houle oblige mon père à supporter le corps froid et inanimé de Mbo contre le sien. Pendant deux jours et deux nuits, j'attends la délivrance.

Comme tous les autres esclaves morts pendant la traversée, Mbo est libéré de ses fers et jeté directement à la mer, sans aucune forme de cérémonie.

– C'était le treizième, annonce mon père.

Ma mère s'éloigne en silence. Elle laisse mon père seul avec ses étraves, et les étraves de Mbo qui pendent ouvertes à sa cheville et à son poignet. Plus loin, j'entends une autre voix répéter :

– C'était le treizième.

– Le treizième quoi ? demande quelqu'un.

– Le treizième homme à mourir sur ce bateau, répond la première voix. Sept femmes, deux enfants et treize hommes. Vingt en tout.

Je m'aperçois alors que ma mère ne me dit pas tout. C'est comme pour l'océan, les mots ont un dessus et un dessous. Avec ses mots, ma mère navigue sur le dessus et ne fait que frôler le dessous. Elle ne formule pas tout. Elle me préserve du pire qui est dessous. Et pour entendre le dessous, je dois plonger dans ses silences. En surface, il y a la trajectoire invisible de notre bateau, son sillage que les vagues effacent continuellement. Mais dans les profondeurs, il y a la mort de Mbo, et les autres morts que j'ignore. Il y a un chemin tracé en pointillés, un chemin de mémoire parsemé de vingt corps à la peau grise ou noire, et d'innombrables squelettes blanchis, d'innombrables esclaves jetés par-dessus bord depuis que d'innombrables bateaux font cette traversée.

chapitre 15

Bientôt je vais naître.

Cette fois c'est certain, je vais naître pour ma première vie et connaître la lumière du jour et savoir ce que c'est que d'être vivant à l'air libre.

La mer est étonnamment calme. *Ça n'annonce rien de bon*, prévient ma mère.

En fin de matinée, notre bateau en croise deux autres. Ce n'était pas arrivé depuis longtemps, et les officiers dévient légèrement notre trajectoire, comme si cette présence constituait une menace. Vers midi, le chirurgien vient chercher ma mère. Il l'aide à grimper sur la dunette, tout à l'arrière du bateau. Quand trois officiers s'écartent pour la laisser passer, elle ne peut s'empêcher de rire.

Et puis sur le pont supérieur, là où aucun esclave n'a encore accédé jusqu'alors, ma mère stoppe brutalement pour reprendre son souffle. Elle fait signe au chirurgien de la lâcher un instant, avant de poser ses mains sur ses hanches. Et elle me dit : *Ça y est.* Dans la seconde, mon cœur s'emballe. Je suis persuadé qu'elle parle de moi, du premier jour, de ma première vie, mais pas du tout. Ma mère dit : *Ça y est, je l'ai retrouvée… la tortue est là, sur le pont supérieur… vivante.*

Le chirurgien reprend ma mère par le bras, il l'introduit dans la cabine du capitaine, la fait asseoir sur un coffre en bois, et se retire. Le capitaine avance alors de son pas nonchalant. Il examine le ventre de ma mère. Sa peau crevassée, fissurée. Du doigt il effleure son nombril, et ma mère se cambre.

– Un volcan, sourit le capitaine. Ventre volcan !

Il fait demi-tour, fouille sur sa table, et revient vers ma mère en lui tendant une écuelle de gruau d'avoine avec un morceau de bœuf bouilli.

– Maria, dit-il. Il faut des forces. Maria manger viande pour le bébé.

Ma mère accepte l'écuelle.

– *Écoute-moi bien, petit kraken,* me dit-elle. *Cet homme qui persiste à m'appeler Maria est mauvais. Ses yeux sournois ne m'inspirent aucune confiance. Il voudrait m'attendrir pour obtenir de moi quelque chose que je ne sais pas. Par exemple, la signification du message que contient le médaillon qu'il m'a volé. Il veut savoir où se cache le trésor de notre ancêtre. Je pourrais avaler son morceau de bœuf, en faire de la bouillie et la recracher sur son visage bouffi. Je pourrais me moquer de lui, car je sais qu'il ne ferait rien d'autre que m'insulter. Il n'oserait même pas me fouetter, car il tient trop à toi et à moi. Trop d'entre nous sont déjà morts. Il veut nous garder en vie, toi et moi. Et nous revendre à un bon prix. Alors il ne nous fera aucun mal. Je n'ai pas peur de lui.*

Et ma mère avale le gruau d'avoine, le morceau de bœuf bouilli, prend le temps de bien mâcher et de tout ingurgiter. Le capitaine la regarde faire, satisfait. Quand elle a fini, il lui tend un registre aussi lourd qu'une pierre.

– *Nous y voilà*, me dit ma mère. *Cet homme me teste, il veut d'abord savoir si je sais lire, si je sais déchiffrer des lettres, pour ensuite me faire décrypter le mystérieux message qui lui indiquera le plan du trésor.*

Et ma mère ouvre le registre, à l'intérieur duquel des listes se succèdent. Des colonnes de mots en portugais, et de chiffres. Des énumérations de marchandises. Des centaines d'esclaves coincés entre des tonnes de riz et d'ivoire.

– Maria lire ? demande le capitaine.

– *Em Nome de Deus*, répond ma mère.

Elle vient de prononcer les mots qui figurent en première page du registre. « Au Nom de Dieu. »

– *Em Nome de Deus*, se réjouit le capitaine. Toi lire !

– *Moi lire*, me répète ma mère. *Tu entends, petit kraken ? Mon père a appris à ma mère, et ma mère m'a appris. Je sais lire les mots des hommes blancs. Je peux même les comprendre. Je vais te dire ce que je comprends. Même quand ils ont chaud, les hommes blancs recouvrent leur corps avec quantité de tissus et de peaux, parce qu'ils ont honte de leur corps. Cet homme devant nous a honte de son ventre gras et flasque sous sa chemise fripée. Et pour ne pas avoir honte de ce qu'il nous fait subir, pour ne pas penser à ce qu'il fait à d'autres êtres humains, il se cache également derrière son dieu. Dans ce registre, il commence par inscrire « Au Nom de Dieu », ce qui l'autorise ensuite à ne plus penser, et à faire ce qu'il fait.*

Ma mère rend son registre au capitaine.

– Maria savoir beaucoup, dit celui-ci.

– Je ne m'appelle pas Maria, répond sèchement ma mère. Je m'appelle Novaaaa.

Et reposant le registre sur sa table, le capitaine sort de sa poche le fameux bijou, ouvre l'écrin, déplie le minuscule papier, avant d'examiner le cryptogramme.

– Maria...

– Je ne sais pas ce que ça veut dire, le coupe ma mère.

Le capitaine soupire. Il replie le papier et referme l'écrin. Il le pose sur sa table. Il déroule une carte devant ma mère.

– *Maintenant,* m'explique ma mère, *cet homme a compris que tout n'est pas si simple. Qu'il n'obtiendra pas grand-chose de moi aujourd'hui. Mais il se doute que ce petit papier qui nous appartient cache un précieux mystère. Alors tu vois, petit kraken, maintenant il essaie de nous éblouir avec un autre précieux mystère. Ce qu'il nous montre, c'est une carte du monde. Mon père en a déjà montré une à ma mère, et ma mère m'a éclairée sur ce mystère. Les hommes blancs ont dessiné le monde sur cette carte. Ils ont réduit les terres et les océans à quelques lignes et quelques couleurs pâlichonnes.*

– Maria née ici, dit le capitaine.

Et sur sa carte il pointe les contours de l'Afrique, il descend vers le sud, il s'arrête sur un trait minuscule. L'île de Nosy Boraha.

– Bateau ici, poursuit le capitaine.

Et avec son doigt, il trace une trajectoire allant de l'Afrique au Brésil. Il s'arrête un peu avant. Puis il désigne une autre ligne, droite et horizontale, séparant sa carte en deux parties égales.

– *Ecuador*, dit-il.

– L'équateur, reprend ma mère.

Le capitaine s'interrompt un instant. Sa carte lui échappe des mains.

– *Tu vois, petit kraken, parfois les hommes blancs s'imaginent qu'ils en savent plus que nous. Et c'est peut-être vrai sur bien des sujets, mais archifaux sur la plupart. Peut-être que tu ne te souviens pas, petit kraken, mais quand tu étais encore gros comme une crevette, sur notre île, je t'avais décrit le monde comme un fruit rond. L'équateur dont parle cet homme, c'est là où le couteau doit trancher pour partager en deux le fruit rond.*

– Maria savoir beaucoup beaucoup, soupire le capitaine en ramassant sa carte. Je croire que Maria savoir beaucoup aussi sur le bijou.

Puis il déroule une nouvelle fois sa carte, et reprend ses explications.

– Dessous *ecuador*, je transporter esclaves sans danger. Je aller en haut du Brésil. Je débarquer esclaves. Tout bien.

Il remonte ensuite au-dessus de l'équateur, jusqu'aux Caraïbes.

– Mais je vouloir vendre esclaves ici. Faire très attention. Interdit !

La carte s'enroule encore, avec un bruit d'orage. Le monde dessiné par les hommes blancs ressemble maintenant à un rouleau de papier épais, un long tube rigide que le capitaine vient presser en se moquant de son rire gras contre le ventre de ma mère. Et il appuie, tout doucement. Le tube imprime sa marque à la surface du ventre. Ma mère recule un peu, mais dans son dos la cloison est toute proche.

– La nuit ! rugit le capitaine. La nuit bientôt. Bateau passer *ecuador*. Esclaves enfermés longtemps.

Enfermés la nuit, enfermés le jour. Très dur. Pas bon pour Maria et le bébé.

Et il appuie encore. À travers le ventre, je sens l'extrémité du tube tout contre ma tempe. Et le souffle coupé de ma mère, qui se rétracte au maximum.

– Mais je garder Maria avec moi, sourit le capitaine en relâchant sa pression. Maria tout me dire sur le bijou !

chapitre 16

La mer, étonnamment calme le matin même, se réveille doucement au soleil couchant. Ma mère reste cloîtrée dans la cabine du capitaine, et je commence à croire que c'est précisément ici et maintenant que je vais naître. Je devine déjà ma mère allongée sur une carte du monde. Son sang et le mien colorant d'un rouge éclatant les continents.

– *Les hommes blancs savent écrire les terres et les océans*, dit ma mère. *Ils savent dessiner le vent, mais ils ne savent pas le prévoir.*

Une heure plus tard, alors que le capitaine s'apprête à entamer une nouvelle discussion à propos du trésor, des rafales soudaines le font tanguer. À peine entré dans la cabine, il en ressort visiblement contrarié, et rassemble tous les officiers sur la dunette. Toujours assise sur le coffre en bois, ma mère n'ose pas faire un geste. À ses pieds, il y a toujours l'écuelle. Depuis qu'elle est ici, elle a déjà mangé deux fois de la viande bouillie.

– *C'est toujours ça de pris*, m'avoue-t-elle. *Ça risque d'être long, alors autant prendre tout ce qui est à notre portée.*

Et à portée de main, le médaillon est posé là, sur la table. Il n'y aurait qu'à tendre le bras pour récupérer l'écrin, le cryptogramme, le trésor. Mais ma mère se contente de se blottir contre le coffre en bois, par terre.

– Petit kraken, supplie-t-elle à voix haute. Petit kraken, petit kraken…

Dehors, le vent commence à hurler. De plus en plus brusques, les mouvements du bateau remuent chaque meuble et chaque objet à l'intérieur de la cabine. Une secousse fait basculer un instrument de navigation sur la table. Une fiole glisse d'une étagère et se brise sur le parquet, déversant un alcool foncé entre les jambes de ma mère.

– *Si je trouvais une arme ?* s'interroge-t-elle en se relevant péniblement.

Si je trouvais un couteau dans les recoins de cette cabine, petit kraken… Crois-tu que je pourrais changer le cours des choses ? Égorger le capitaine et les officiers, égorger tous ceux qui nous veulent du mal ? Crois-tu que je serais assez forte ?

La tempête redouble d'intensité. Secoué de toute part, le bateau oblige ma mère à se réfugier derrière le coffre en bois.

– *Le couteau est dehors*, dit-elle. *Dans le ciel. Au-dessus de nos têtes.*

Et toute la nuit, le ciel se dérègle. Il se déchire. Des vents furieux s'engouffrent dans cette déchirure. Nous sommes quelque part sur l'équateur, et je repense à la définition qu'en a donnée ma mère : « Nous sommes là où le couteau doit trancher pour partager en deux le fruit rond. » J'imagine alors ma mère et moi plus petits que des poussières sur ce fruit rond, et mon père avec nous, la tortue pas très loin, les hommes blancs et les hommes gris et les hommes noirs, tous ces corps à la surface, comme une meute grouillante d'insectes prêts à ronger le fruit. Des trombes d'eau qui se déversent et tambourinent contre le fruit. Et le couteau. Le couteau au-dessus de nous. Qui s'abat. Qui lacère. Qui cisèle. Qui tranche. Et tout ce temps ma mère qui tient son ventre comme si j'allais le faire exploser.

chapitre 17

Avant l'aube, le grand mât se brise, entraînant une partie des voiles et de la mâture à l'eau. Le bateau penche dangereusement. À coups de haches, les marins font céder les cordages qui nous entraînent vers le fond. Certains d'entre eux sont éjectés, mais le bateau retrouve un fragile équilibre, jusqu'à se faire surprendre par une lame de fond. Au même instant, ma mère heurte la porte de la cabine. Dans son poing serré, elle tient le médaillon récupéré sous le bureau du capitaine. Elle jaillit sur le pont, et aussitôt une vague s'enroule autour d'elle. Comme un bras. Nous coulons.

Du bateau éventré, des grappes de corps s'échappent et s'éparpillent.

– *Nous coulons*, dit ma mère.

Et l'instant d'après, les mots se noient dans sa bouche.

Nous coulons.

– *Est-ce que le kraken est là ?* je demande.

Nous coulons, mais le ventre s'ouvre et se déchire. La lumière m'inonde les yeux. Je sens qu'on me tire. Qu'on me pousse. Qu'on me détache, qu'on m'arrache à la chair. Morceau par morceau. D'innombrables parcelles de vie. D'innombrables lumières. Je sens comme un muscle qui s'enroule autour de moi. Un énorme bras. Est-ce que c'est le kraken ? L'eau et la lumière m'emplissent la bouche, mais le bras m'emporte, et ma mère avant de sombrer ouvre son poing pour me glisser autour du cou son médaillon. Elle dit : *Le trésor est avec toi.* J'ai juste le temps d'apercevoir son visage. Ses yeux remplis de tendresse. Ses lèvres qui se referment sur des mots noyés d'amour. Sa chevelure frisée. Son corps écartelé. Et son ventre d'où je viens, petit renflement incandescent qui sombre dans les profondeurs de l'océan pendant que j'en émerge. « Le trésor est avec toi. » « Le trésor est avec toi. » Est-ce que c'est un rêve ? Est-ce que je suis perdu dans le rêve de mon père ? Je nage jusqu'à la surface, guidé par la lumière, entouré d'immenses bras entortillés comme au milieu d'une forêt d'algues, je nage dans les mots, et jaillissant entre les vagues en furie mon cri défie le monde et nargue la tempête. Le trésor est avec moi !

DEUXIÈME VIE
(HÉMISPHÈRE NORD) 1832-1848

San Francisco
Océan Pacifique
Équateur

Rochester
Cavendish
Nantucket
Wheeling
New York
Ohio
Mississippi
Wilmington
Sullivan
Cuba
Haïti
Antigua
Mer des Caraïbes
Océan
Atlantique

chapitre 18

Quand je raconte ma naissance, la plupart des gens ont du mal à me croire. Ils disent que ce genre d'histoire n'existe que dans les rêves. Que le kraken est une créature imaginaire. Je leur réponds qu'ils ont sans doute raison. Que j'ai probablement rêvé ma naissance, mais que dans ce cas ce sont mes trois vies qui ressemblent à un rêve. Et pour ceux qui veulent bien encore m'écouter, je poursuis mon récit.

Au cours de ma première vie, j'ai attendu de naître. J'aurais pu naître esclave, mais par une nuit de tempête je suis né libre, avec des écailles partout sur la peau du ventre et du dos. C'est ainsi. J'ai vécu plusieurs mois dans les limbes, parmi les poissons et les monstres marins. De ce séjour, je ne garde aucun souvenir précis. Je suis incapable d'expliquer quoi que ce soit. Je me rappelle juste de la violence de la tempête, de ma libération soudaine, des cuisses de ma mère disparaissant dans les profondeurs, puis d'un grand calme. Ma mère n'était plus là pour me parler.

Et l'instant d'après (un instant qui dure tout de même de longs mois, peut-être une année entière), je commence à perdre mes écailles, quand Docteur Blind me repêche dans sa barque. C'est le début de ma deuxième vie.

En 1832, Docteur Blind n'est pas encore docteur, c'est juste Blind. Les autres ne l'appellent jamais par son prénom, ils se contentent de Blind ou de monsieur Blind. Blind lui-même ne se présente jamais autrement qu'en disant : « Je suis monsieur Blind » (et plus tard : « Je suis Docteur Blind »). À croire qu'il n'a jamais eu de prénom. Aucun prénom hérité de sa naissance, juste ce nom : Blind. Moi, il m'appelle Antoine. Dès les premiers jours, il choisit de m'attribuer ce prénom, en hommage à un homme d'Église portugais qu'il vénère, saint Antoine de Padoue.

Blind habite sur l'île d'Antigua, entre la mer des Caraïbes et l'océan Atlantique, dans une cabane en torchis avec une unique porte et une étroite fenêtre. Il passe ses journées sur un fauteuil à bascule, installé sous un arbre rachitique et tordu par le vent. Là, il fume parfois un cigare, et rêvasse en contemplant les volutes de tabac happées par le ciel immensément bleu. Ou alors il lit toutes sortes de livres en anglais, en prenant des notes dans un épais cahier aux feuilles froissées. Ce cahier, il l'appelle sa « Tête ».

Sur la couverture en cuir rouge, il a écrit en lettres majuscules : THIS IS MY HEAD (CECI EST MA TÊTE). Et lorsqu'il égare ce cahier (ce qui est rare, car dans sa petite maison Blind ne possède que le strict nécessaire, excepté ses livres en anglais qu'il entasse sous son matelas au fur et à mesure qu'il les a lus), lorsque ce cahier n'est pas franchement visible, pour se donner toutes les chances de le retrouver, Blind invoque une image accrochée au-dessus de la porte. Une image à l'effigie de saint Antoine de Padoue, selon lui capable de retrouver n'importe quel objet perdu. Blind prie alors à voix haute : « Saint Antoine, j'ai perdu ma Tête... » Ou bien : « Saint Antoine, on m'a volé ma Tête... » Ensuite, mais seulement ensuite, il commence à chercher le cahier (ou n'importe quel objet perdu), et le retrouve, le plus souvent entre les draps de son lit ou au pied de l'arbre qui lui sert de maigre parasol. Puis il s'empresse de remercier saint Antoine en marmonnant dans sa barbe.

Le jour où Blind me recueille au fond de sa barque, il pêche, comme chaque fois après sa sieste et sa lecture, après avoir longuement écrit dans sa Tête. Coiffé d'un étrange chapeau aux bords rapiécés avec des peaux de lézard, il descend pieds nus sur la plage, tire sa modeste barque dans l'eau, et rame au-delà de la barrière de corail pour affronter la houle du large. Il va où les oiseaux paraissent le plus nombreux, en pensant avec raison que sur la mer les oiseaux ne sont jamais là où ils sont par hasard, mais parce qu'il y a du poisson. Blind effectue les mêmes gestes tous les soirs. En relevant ses filets, il débarrasse les algues coincées entre les mailles, récupérant poissons et crabes.

Ce soir-là, il trouve un poisson un peu plus gros. C'est moi. J'ai vécu poisson pendant des jours et des semaines et des mois, et voilà qu'en me retrouvant entre les mains de Blind, je deviens autre chose qu'un poisson recouvert d'écailles. Voilà qu'en me roulant à ses pieds, et en recrachant toute l'eau salée qui m'obstrue les poumons, je pousse un cri retentissant et deviens véritablement un homme. C'est la première fois que je quitte l'élément liquide. Et soudain, j'ai froid. Je suis nu, j'ai perdu toutes mes écailles, et autour du cou je porte encore le médaillon que m'a confié ma mère en mourant, le précieux écrin renfermant le trésor de mes ancêtres.

En revenant sur son île, Blind ne prend même pas le temps de vider les poissons vivants qui gigotent encore au fond de sa barque. Il ne prend que moi. Il m'emmaillote dans son vieux filet, pour me ramener aussitôt à sa cabane. Là, il me rince à l'eau claire. Je n'arrête pas de tousser, alors il me frictionne énergiquement, m'enduit la poitrine d'un mélange de camphre et de suif, et entre deux toux il me fait avaler du lait de chèvre qui lui reste au fond d'une gourde. Puis il m'allonge sur son lit. Il s'assied sur une chaise, et me regarde tousser de longues minutes. Quand je finis par m'assoupir, il prend le médaillon autour de mon cou sans me réveiller. Il le pose devant lui, sur sa table, avant d'ouvrir son cahier rouge pour noter :

J'ai pêché un petit homme.

Blind ne ferme pas l'œil de la nuit. Il ne quitte pas sa chaise, il reste à mon chevet jusqu'aux premières lueurs du jour. Ses yeux incrédules vont de l'image de saint Antoine de Padoue (muet au-dessus de la porte) à moi (toussant encore ponctuellement sous ses draps), ou de moi à son cahier ouvert sur les genoux. Et voici ce qu'il prend le temps de consigner à la lueur d'une bougie :

J'ai pêché un petit homme. Environ un an. Peau foncée, grise et molle, des escarres au niveau des plis. Quelques écailles collées parmi de rares cheveux épars. Joues bombées, teintées de rose. Yeux émeraude cernés de rouge. Menton en galoche. Ses lèvres saignent légèrement, je les essuie avec mon mouchoir. Il crache un peu de bile, du sang et du sel. Il tremble, je lui rajoute une couverture. Pieds et mains légèrement palmés. Le petit homme avait un collier autour du cou, un petit bijou creux et hermétique, rongé par le sel. J'ai réussi à l'ouvrir avec la pointe de mon couteau. À l'intérieur, d'une écriture fine et appliquée, est inscrite une suite de caractères incompréhensibles. Une sorte de message codé…

Après une longue pause, Blind complète ces premières remarques par trois phrases en bas de page :

Toute la nuit j'ai essayé de décoder ce message, en vain. Le petit homme dort encore, sa toux s'améliore. Le jour se lève et je n'y comprends toujours rien.

chapitre 19

Le lendemain, Blind me promène jusqu'au village le plus proche. Aux habitants d'Old Road, éberlués de voir un si gros bébé entre les bras de ce célibataire endurci, il raconte simplement qu'il m'a pêché dans son filet. Il demande partout si quelqu'un me connaît. Si personne n'a perdu un enfant aux pieds palmés ces derniers jours. Les hommes qui ont la peau blanche le croient fou, mais Blind a cessé depuis longtemps d'écouter les hommes qui ont la peau blanche. Il préfère s'adresser aux hommes qui ont la peau foncée comme moi.

Autrefois, Blind habitait en Angleterre. Il était un homme à la peau blanche qui pensait comme la plupart des hommes à la peau blanche. Et selon lui, les hommes à la peau foncée n'étaient pas assez instruits pour mériter qu'on les appelle des hommes. Tout juste étaient-ils bons à venir travailler dans des colonies (par exemple à Antigua), au service des hommes à la peau blanche. Tout juste étaient-ils bons à planter et à ramasser la canne à sucre, à la broyer dans les moulins, à chauffer les cuves et à blanchir le sucre pour que celui-ci devienne consommable. À l'état sauvage, le sucre n'est pas encore du sucre, pensent la plupart des hommes à la peau blanche. Et à l'état sauvage, les hommes ne sont pas encore des hommes. Blind était venu à Antigua avec ces drôles d'idées dans la tête, et puis très vite (beaucoup plus vite que les autres), il avait compris que sa tête pensait de travers. En rencontrant les hommes et les femmes à la peau foncée, Blind avait eu honte d'être un homme à la peau blanche. Honte d'être un homme. Il avait quitté la plantation où il était censé tenir à jour les registres, pour s'installer à l'écart, dans sa cabane en torchis. Il avait honte et il ne savait que faire de cette honte. Il fumait. Il lisait. Il prenait des notes. Jusqu'à ce qu'il me repêche.

Des années durant, Blind se méfie des hommes, leur préférant la compagnie des livres et celle des poissons. Et puis voilà qu'un petit homme, à la peau foncée avec des écailles, échoue dans son filet.

Blind fait donc le tour de l'île, à la recherche de mes parents, ou d'un indice qui pourrait le conduire à eux. D'Old Road, il décide de partir vers l'ouest. Il rejoint Crab Hill, remonte vers Saint John's par la côte, sillonne chaque quartier, continue tout au nord jusqu'à Wetherell Point, écume chaque village à l'intérieur des terres, traverse les champs de coton et de canne à sucre, les vergers dispersés, franchit tous les vallons, les ravines et les ruisseaux, use ses pieds sur la rocaille, longe la côte est, explore chaque îlot, chaque plage. À tous ceux qu'il croise, il me montre. Et chaque fois, il repose les mêmes questions.

– Reconnais-tu ce petit homme ?

– Non.

– Regarde bien ce visage. Est-ce qu'il te fait penser à quelqu'un que tu connais ?

– Non plus.

– Alors as-tu entendu parler dernièrement d'une femme ou d'un homme qui chercherait partout son enfant ?

– Non. Trois fois non.

Et Blind poursuit sa quête. Il dort sous les étoiles. Il me nourrit de fruits trop mûrs tombés au pied des arbres, du lait des chèvres les plus grasses rencontrées en chemin, de la chair des poissons et des crabes que lui offre l'océan. Un an plus tard, après avoir arpenté Antigua dans ses moindres recoins, il finit par revenir bredouille à sa cabane. Tous les vivants de l'île, peau blanche ou peau foncée, l'ont vu passer. Tous les vivants m'ont dévisagé. Personne sur Antigua ne me connaît. Personne ne me réclame. J'ai environ deux ans.

Alors, à partir de ce jour, Blind me considère comme son fils.

chapitre 20

Le début de ma deuxième vie correspond avec le début d'une nouvelle vie pour des milliers d'esclaves. Ceux qui viennent d'être affranchis. La Grande-Bretagne a tranché, et abolit l'esclavage dans toutes ses colonies. Ici et là, cette abolition est suivie d'une période de transition. Les esclaves restent quelques années encore au service de leurs maîtres, le temps de faire l'apprentissage de la liberté. Mais à Antigua, cette libération est immédiate. Du jour au lendemain, les roues des moulins ne tournent plus. Les fouets sont remisés aux greniers. Craignant les émeutes, les révoltes et la vengeance, les hommes qui ont la peau blanche préfèrent se cacher, en attendant de voir comment les choses évoluent. Tandis que ceux qui ont la peau foncée se mélangent à la nuit. On danse, on chante. On entonne des hymnes improvisés, et la rumeur de la mer répond en écho aux tambours enfiévrés.

Pendant ces semaines où le vent souffle dans les têtes, Blind se mêle à la foule des affranchis.

Il participe à toutes les fêtes. Et partout, il m'amène avec lui. Je suis son fils et son trophée. Sa joie, sa liberté. À ceux qui s'étonnent de le voir partager leur liesse, Blind répond que la nuit tous les hommes sont gris. Puis, me confiant quelques heures à une femme dont les seins sont encore gonflés de lait, il se saoule avec les autres. Au petit matin, ivres de fatigue et de liberté, des fantômes aux yeux hagards titubent entre les braises, des silhouettes s'écroulent sous la lumière neuve du jour, relayées par les ombres des arbres qui frissonnent aux vents venus d'Afrique.

Quand tout a été bu, et que les corps n'en peuvent plus de cette ivresse, on s'organise. Ceux qui continuent de travailler dans les plantations reçoivent un salaire. Les autres luttent pour obtenir des terres, et construisent leurs propres fermes. Je grandis dans cette promesse de nouveau royaume. Aux quatre coins d'Antigua, chacun réclame un peu de pays. N'importe quelle parcelle, rouillée de bauxite ou mangée par les pierres et les herbes sauvages, est convoitée. On défriche, on grappille des confettis de jardin. On creuse des sillons ensoleillés qui nourriront ceux qui sèment les graines.

Blind accompagne tous ces changements au jour le jour. Lui ne réclame aucune terre. Aucun territoire. Quand il le peut, il assiste les plus démunis dans la jungle administrative. Il les renseigne sur leurs nouveaux droits. Il s'insurge que les anciens maîtres aient reçu des compensations généreuses pour accepter l'abolition, alors que les anciens esclaves triment encore dur pour survivre.

Parallèlement, Blind continue d'avoir soif de connaissances. Mais plutôt que de les chercher dans ses livres poussiéreux, il interroge chacun et chacune. Il veut savoir tout ce qu'il y a dans les têtes. Sonder les hommes et les femmes nouvellement libres, leurs croyances et leurs espoirs. Il remplit son cahier de légendes. D'histoires brodées, de destins en dentelles. Pour ne pas laisser ces merveilles se flétrir comme des fleurs entre les pages d'un herbier, il les partage avec moi. Il m'en fait la lecture, me raconte les nombreuses vies de chacun d'entre nous. Il m'explique l'Afrique. Puis l'Amérique. L'Ancien et le Nouveau Monde. Les hommes humiliés par ceux qui les vendent et ceux qui les achètent. Les punitions. Les hommes amputés d'une oreille ou d'une jambe. Ceux qui ont été dévorés par les chiens, broyés au moulin, cloués sur des planches, enterrés jusqu'au cou, enduits de sucre près d'une fourmilière. Il me dessine les nombreuses îles des Antilles, cet archipel d'étoiles éparpillées, pillées. Docteur Blind me parle des peuples indiens qui vivaient là autrefois, les Siboneys, les Arawaks. Tous les fantômes qui hantent les mers alentour depuis déjà des siècles.

Ainsi je grandis avec cette idée d'un monde divisé, où tout se déchire. Un monde où la plupart des hommes passent leur vie à tuer la vie. Les années passent, les siècles se succèdent, et c'est toujours la même histoire. J'ai failli être un esclave, j'ai failli être un poisson, je suis un petit homme. Je suis Antoine. J'ai 3 ans, j'ai 5 ans, j'en ai 8. Je suis un petit homme fragmenté qui tente de recoller les morceaux de son propre monde.

chapitre 21

Avec Blind, j'apprends.

D'abord la marche et la parole. Les deux en même temps. Chaque matin, on arpente une partie de l'île à la rencontre des gens. On parle avec eux, ils nous disent des blessures et des secrets. C'est vers cette époque que Blind devient « Docteur Blind ». En déliant les langues de tous les anciens esclaves de l'île, il apprend beaucoup. En croisant tout ce que les livres et les hommes lui enseignent, il devient expert en ce qui concerne les plantes et leurs propriétés médicinales. Mon vocabulaire s'enrichit de jour en jour. Mangrove, badamier, filao, aloès, santal, ébène, banian, feuilles de margoze, huile de coprah, graines de tambalacoque...

J'apprends aussi à travailler. On l'appelle docteur, et Docteur Blind me nomme « son petit pharmacien ». Docteur et pharmacien, ce sont deux occupations qui nous vont bien. Deux métiers qui tiennent dans une valise. On marche, on écoute, on soigne de temps en temps. Et du nord au sud, d'est en ouest, les habitants de l'île nous regardent passer avec curiosité. Docteur Blind et son petit assistant maigre comme un clou. Lui devant avec sa valise remplie d'herbes, de feuilles et de racines, et moi derrière pieds nus, bras ballants, ramassant des fleurs sauvages sur le bord du chemin. Notre réputation nous devance. Docteur Blind fait tomber les dents pourries sans douleur. Avec un mélange de feuilles d'hibiscus, d'huile, d'alcool de canne à sucre et de grains de sel, il soigne les chevilles enflées. Après des bains froids répétés, il allonge ses patients trop fiévreux sur une couche de feuilles de citronnier recouverte d'un drap, puis leur fait ingurgiter des boissons de sa composition. Principalement des jus à base d'herbes pressées, pilées, broyées. Des décoctions de ronces et d'écorces, qu'il me demande de diluer dans du lait. Sur les blessures, il applique des feuilles de plantain pour calmer le pouls. Il cicatrise les plaies avec une pierre brûlante. Pneumonie, insomnie, rachitisme, aucun mal ne lui résiste. Et s'il y a bien encore ici et là quelques ronchons doutant de ses talents de guérisseur, si parfois on nous jette des pierres en nous accusant de sorcellerie, la plupart des maisons nous sont ouvertes.

Alors j'apprends encore. Comment les gens vivent, et ce à quoi ils croient. J'entre dans les maisons et dans les têtes. Certains dorment sous des abris de fortune en lisière des forêts, sur des feuilles de bananier à même le sol, avec un pichet d'eau et une calebasse de riz bouilli pour tout repas. Ceux-là, Docteur Blind les soigne pour rien. D'autres ont des maisons comme des palais. On passe par de larges portes lambrissées, on piétine des tapis aux fascinantes arabesques, que les rayons du soleil illuminent à travers d'imposantes fenêtres. Et quand on entend carillonner l'horloge de la cathédrale toute proche, la maîtresse de maison fait le signe de croix en murmurant des prières inaudibles. Docteur Blind m'explique. Il me fait visiter la cathédrale Saint-John-the-Divine, son intérieur en bois d'acajou, et me révèle que la plupart des hommes blancs croient en un dieu puissant, comme en une puissante forteresse capable de les protéger de tout. Il ajoute que ce sont les mêmes hommes blancs qui ont forcé des esclaves à bâtir cette cathédrale. Puis il me conduit dans une clairière où se déroulent d'étranges cérémonies. On danse. On crie. Un groupe d'anciens esclaves y invoque les esprits. Docteur Blind me raconte qu'en arrivant d'Afrique, ces hommes n'avaient plus rien. On leur avait tout pris, leurs terres, leurs racines, leurs vêtements et leurs armes, mais on ne pouvait pas leur enlever ce qu'ils avaient dans la tête. Ce qu'ils avaient dans la tête était leur dernière liberté. C'étaient leurs dieux, c'étaient leurs morts, leurs espoirs, leurs mondes invisibles. Et aujourd'hui chacun, blanc ou foncé de peau, continue de se réfugier dans sa tête, pour croire ce qu'il a envie de croire. Notre tête est la plus puissante des forteresses. Celle de Docteur Blind ressemble à un livre. Parfois il me confie son cahier, THIS IS MY HEAD (CECI EST MA TÊTE), et je tourne les pages pour comprendre l'intérieur de sa tête. J'y découvre des histoires, des rêves, de la science et de la magie, quelques formules mathématiques parmi un fatras de noms de plantes et de maladies effrayantes. Lèpre, choléra, variole, tuberculose, porphyrie, schistosomose... Mais je ne trouve jamais aucun dieu, nulle part.

J'apprends à lire et à écrire. À l'heure de la sieste. Lui dans son fauteuil à bascule, moi sur une pierre. J'ouvre le cahier, je pioche un mot au hasard. J'observe ce mot. Je le décompose, lettre par lettre. Je le déchiffre, je le recopie. Docteur Blind me donne le goût des mots. Je les avale, je les digère, je les malaxe, pour ensuite les ranger dans ma tête, qui est une forteresse imprenable. J'apprends à penser. Docteur Blind dit qu'il faut que je structure ma pensée comme on construit un feu. D'abord on ramasse le bois. On entasse les mots et les connaissances. C'est long mais nécessaire. Petits bois, gros bois, tendre ou cassant. Chaque morceau aura son utilité. La bûche a besoin de la branche, la branche de la brindille, et la brindille ne s'enflammera que si le tas de feuilles mortes a eu le temps de sécher. Ce qui compte, prétend Docteur Blind, ce n'est pas la matière, le mot, la chose ou l'idée, mais l'usage qu'on en fera. Alors avec lui je glane ici et là, des herbes et des paroles.

Inlassablement, je stocke tout ce qui peut me servir à mieux comprendre les hommes, leurs souffrances, leurs fantômes. Je nourris mon esprit.

Je réapprends aussi à nager. Docteur Blind me montre les gestes. Ça revient vite. Je barbote avant de prendre confiance. Je plonge. J'adore l'eau. J'adore flotter dans le lagon protégé par les coraux. Sentir mon corps, exactement entre l'eau couleur émeraude et le ciel, porté par les vagues et caressé par une brise venue du large.

J'apprends à pêcher. Chaque soir nous embarquons, je rame avec lui pour traverser le lagon. On évite les vagues qui se fracassent contre les récifs, on pose des filets et des nasses. J'apprends les noms des poissons, et puis je les oublie. La pêche que je préfère consiste à poser une dizaine de lignes à des profondeurs diverses, avec sur chaque hameçon une languette de pieuvre fraîche. La ligne reste dans l'eau, retenue par un petit bambou flottant à la surface. Et on attend. Quand le bambou s'agite, on rame jusqu'à lui pour hisser de gros poissons.

Les jours défilent, et il reste toujours quelque chose à apprendre et à réapprendre. Vider les poissons, couper les légumes, rapporter de l'eau de la rivière, souffler sur la braise, préparer la pêche du lendemain, réparer les filets, tailler des hameçons dans de la nacre. J'apprends aussi à ne rien faire. Quand on a fini notre tâche, et qu'on s'allonge pour épier les derniers nuages et les premières étoiles. Et qu'on se tait, qu'on dérive en silence, lentement, vers nos propres songes. Docteur Blind me prête un objet étrange. Dans une armature en bois, deux entonnoirs en verre qui communiquent par un étroit goulot, avec du sable à l'intérieur. Un sablier. Il dit que la quantité de sable représente une minute. C'est le temps qu'il faut pour que le sable s'écoule de l'entonnoir supérieur à l'entonnoir inférieur. L'objet devient mon jouet, Docteur Blind finit par me l'offrir. Je le tourne et le retourne, je compte les minutes, et j'apprends le temps qui passe. J'apprends à être un petit homme. Docteur Blind dit que j'apprends vite, mais que je n'aurai jamais fini d'apprendre, qu'il faudra continuer jusqu'au dernier jour, jusqu'à la dernière minute, le dernier grain de sable.

chapitre 22

Et puis un soir, Docteur Blind m'informe que cela fait dix ans jour pour jour qu'il m'a repêché. J'ai donc environ 11 ans. Plus de cinq millions de minutes.

Docteur Blind me parle d'un objet. Pas le sablier que je traîne partout avec moi, non, mais un objet que j'avais déjà avant, entre les mailles de son filet. Le seul. Il le sort de sous son matelas, en expliquant qu'il attendait que je grandisse un peu pour me le montrer. Il tient entre les mains le médaillon de ma mère, et me demande si je le reconnais. Il l'ouvre. Il me le tend. Le cryptogramme dort toujours dedans, intact. Un minuscule parchemin enroulé sur lui-même. Quand je le manipule, un grain de sable s'en échappe, et je me souviens de tout. Le trésor est avec moi !

– Je n'y crois pas, dit Docteur Blind.

– Pardon ?

– Aux histoires de trésor. Je n'y crois pas, répète Docteur Blind.

– Qui vous dit que c'est un trésor ? je demande.

– Toi.

– Mais je n'ai pas encore parlé !

– Si, m'apprend Docteur Blind. Depuis quelques nuits, je t'entends chuchoter dans ton sommeil. Entre autres choses, tu parles d'un trésor.

– …

– Je n'y crois pas, insiste Docteur Blind. On ne retrouve jamais les trésors.

Dans la fraîcheur du soir, quand les chauves-souris sillonnent le ciel pour annoncer la nuit, Docteur Blind me fait traverser des champs de cannes à sucre. Des tiges plus hautes que moi. Du plat de la main, j'écarte les feuilles coupantes, plus aiguës que des lames, et me trace un chemin. Docteur Blind me suit, quelques pas en retrait. C'est toujours lui qui parle. Il a tant et tant de choses à m'apprendre. Mais aujourd'hui, je m'aperçois que je ne lui ai jamais raconté mon histoire. Je ne sais pas ce que j'attends pour le faire. Sans doute qu'il me pose clairement la question. Parfois il tourne autour, il s'en approche, avant de s'en éloigner aussi vite.

– Je dis que tu t'appelles Antoine, mais ce prénom est arbitraire. Crois-tu que tes parents t'en auraient donné un autre ?

– Je ne sais pas. Antoine me convient.

– Tant mieux. Et cette île, Antigua… est-ce qu'elle te convient ?

– Oui. Oui et non. Je ne me pose pas la question.

– J'ai l'impression que tu ne te poses jamais de questions. Tu écoutes, tu apprends, tu apprends vite. Mais sans vraiment t'interroger sur tes origines.

– Qu'est-ce que vous en savez ?

– Je devine.

– Faut-il être de quelque part pour être un homme ?

– Pas nécessairement.

– Je ne suis qu'un enfant.

– Parfois je crois plutôt que tu es un fantôme, né de mon imagination. Mon imagination est ta nation. C'est moi ton pays. Ton pays s'appelle Docteur Blind !

Depuis que j'ai repris possession du médaillon, je fais un rêve étrange. Toujours le même, plusieurs nuits de suite.

– Raconte, demande Docteur Blind.

– Je flotte sur un tronc à la dérive…

– Que vois-tu autour de toi ?

– Je vois l'image d'un fleuve sombre sous la pluie. Sur la rive, il y a un homme qui surgit d'entre les arbres. Un homme très grand, avec des bras aussi longs que le corps, des pieds aussi larges que la tête, et tout le squelette recouvert d'une peau si épaisse qu'on dirait une écorce.

– Et lui, est-ce qu'il te voit ?

– Il a des trous à la place des yeux. Des trous avec des larmes dedans. Il parle. Il répète toujours la même phrase : « Je m'appelle Mbo et je viens du pays des arbres géants et des rivières d'argent. »

– Ensuite. Que fais-tu ?

– Je ne fais rien, je flotte. Je trempe mes doigts dans le fleuve, l'eau est glacée. L'homme répète sa phrase mais je l'entends à peine. Il y a un rideau de pluie entre lui et moi.

Une autre nuit, je me réveille en sursaut. J'ai cru entendre ma mère. Une voix très lointaine, presque inaudible. J'ai deviné ses questions. Elle m'a demandé si le trésor était toujours avec moi. Et j'ai dit oui. Le médaillon est là, autour de mon cou. J'ai promis de tout faire pour trouver le trésor de nos ancêtres. Et maintenant mon cœur pèse une tonne, parce que cette promesse est lourde à porter.

Le lendemain, je cours derrière un oiseau noir et feu. Un carouge. Une sorte de petit passereau qui coud son nid sous les feuilles des balisiers. J'attends qu'il se pose, et je ramasse une pierre. C'est plus fort que moi, cet oiseau ne m'a rien fait mais j'ai envie de le tuer. J'ai envie de tuer tout ce qui est vivant autour de moi. Je jette la pierre. Raté, l'oiseau s'enfuit. Je détruis son nid. J'arrache des touffes d'herbes sauvages. Je casse des branches partout où je passe. Je frappe le tronc des arbres avec mes poings. Docteur Blind me retrouve en larmes, recroquevillé au pied d'un manguier.

– Je vais t'aider, dit-il.

– M'aider à quoi ?

– À chercher ton trésor.

– Vous n'y croyez pas. Vous avez dit ne pas croire aux histoires de trésor.

– J'aimerais connaître ton histoire, répond Docteur Blind. Et ce trésor en fait partie. Nous allons chercher tous les deux.

Le soir même, allongé dans le noir, je raconte ma première vie à Docteur Blind. Les yeux fermés, en serrant les poings. Les mots se bousculent, et je peine à reprendre ma respiration. Tout ce que j'ai appris dans le ventre de ma mère, je le lui dis d'une traite. Dans les moindres détails. Depuis Nosy Boraha et mon plus lointain ancêtre, Olivier Levasseur dit La Bouche, jusqu'à aujourd'hui à Antigua. Docteur Blind m'écoute deux heures durant. Sans m'interrompre. Et quand j'ai terminé, il me sert un verre d'eau fraîche. Il me regarde boire à la lueur d'une bougie, ne sachant que dire. Je sens sa main moite sur mon front brûlant.

– Pourquoi tu ne m'as pas raconté tout ça avant, Antoine ?

– Parce que vous ne me l'aviez jamais demandé.

Je pose le sablier près de ma tête. Et m'endors, exactement une minute plus tard.

chapitre 23

À partir de ce jour, Docteur Blind délaisse toutes ses occupations pour ne plus s'intéresser qu'à mon cas. Il continue d'être docteur, mais avec moins de conviction qu'autrefois. Il en perd de son aura auprès de certains. Dès qu'il a un peu de temps libre, il entreprend d'écrire ma première vie (et le début de ma deuxième) dans son cahier. Il peine à rassembler les morceaux, et je rechigne chaque fois qu'il m'interroge sur un épisode oublié. Je n'aime pas me répéter. Docteur Blind voudrait tout le temps que je le relise, pour confirmer sa version des faits. Je m'efforce de corriger ce qui peut l'être, mais ce travail m'épuise. Je préfère aller nager. De plus en plus souvent, je lui fausse compagnie. J'aime être seul. Sous l'eau, je suis capable de rester plusieurs minutes sans respirer. Je m'agrippe aux coraux. Je guette derrière les gorgones. Quand s'approche un poisson plus curieux que les autres, je ne bronche pas. Je me laisse effleurer. Je fais le mort.

Docteur Blind note également mes rêves. Du moins ceux qui remontent à la surface. Ceux dont je me souviens. L'écume. Dans presque tous mes rêves, il y a Mbo, l'homme qui vient du pays des arbres géants et des rivières d'argent.

Docteur Blind consigne également mes faits et gestes, lorsque ceux-ci paraissent peu ordinaires. Par exemple, la fois où j'ai voulu tuer l'oiseau noir et feu. Ou bien cette autre fois, quand pris de panique devant une tortue attaquée par un requin, je me suis mordu les lèvres jusqu'à saigner. Dès que l'occasion se présente, Docteur Blind m'interroge sur ce que je ressens. Il dit que mes gestes, mes mouvements, mes actions ne suffisent pas pour tout comprendre. Il faut y rajouter mes émotions. Il faut aller jusqu'au cœur de mon histoire, l'entendre battre.

Un matin, une riche veuve de Saint John's nous réclame à son chevet. Elle souffre de la tête et veut bénéficier de nos soins, dont on lui a dit le plus grand bien. Pendant que Docteur Blind l'examine, je remarque un médaillon sur sa table de nuit, parmi d'autres bijoux. Un médaillon ovale, très différent du mien. Il ne s'ouvre pas, il est plus lourd et représente un esclave noir à moitié nu, les chevilles et les poignets entravés, avec cette phrase en arc de cercle : *Am I Not A Man And A Brother?* La veuve croise mon regard. Elle raconte qu'elle portait autrefois ce médaillon sur des épingles à cheveux, qu'il a été dessiné il y a plus d'un demi-siècle par Josiah Wedgwood, membre fondateur de la Société antiesclavagiste de Londres. Elle voudrait raconter encore, mais Docteur Blind lui recommande de se taire. Il lui applique une pommade sur le front et les tempes, en la massant longuement. Elle finit par s'assoupir. Docteur Blind se tourne alors vers moi, je n'ai pas quitté des yeux le médaillon depuis tout ce temps.

– Qu'as-tu vu sur le médaillon de cette dame ?

– Je regardais l'esclave.

– Et qu'est-ce que tu ressentais ?

– J'avais mal aux chevilles. Et aux poignets.

– Quoi d'autre ?

– Rien. J'ai remarqué que son corps était bizarre. Avec un genou à terre, l'autre replié en l'air, et les deux bras réunis comme un seul. Son corps dessinait vaguement la lettre *K*. J'ai pensé au kraken.

– Sais-tu que certains disent que le kraken est une créature imaginaire, Antoine ?

– Pourtant je l'ai vu.

– …

– Je ne mens pas, Docteur Blind. J'ai vu le kraken.

– Je te crois.

Sur le sable mouillé, je dessine deux grands triangles. Un pour l'Afrique, l'autre pour l'Amérique. Et entre les deux, un bateau qui coule. J'ajoute le kraken. Un de ses bras s'entortille autour du corps d'un bébé. Sous lui, deux esclaves dorment à l'envers, enchaînés pieds en l'air. Je trace des pointillés jusqu'aux Antilles, que je représente avec une poignée de coquillages. Dessous, j'écris une phrase en lettres majuscules. *LE TRÉSOR AVEC MOI*.

– Qu'est-ce que c'est ?

– Ma première vie résumée, je dis.

Docteur Blind observe les formes, les lignes, les mots. Il demande où sont les verbes. Il dit que pour exister, une histoire a besoin de verbes. Alors je rajoute un verbe à ma phrase. *LE TRÉSOR EST AVEC MOI*. Docteur Blind me sourit. Il ajuste son chapeau et tire sa barque dans l'eau. Cela fait plusieurs jours que nous n'avons plus pêché. Je le rejoins. Lui et moi unissons nos efforts pour ramer vers le large. En silence. Pendant tout le temps que dure la pêche, nos paroles sont aussi précieuses que des appâts. Pas question de les gaspiller, tout juste un ou deux mots ici et là, pour signaler un récif ou avertir quand le vent tourne. Toujours le même rituel. Et en revenant sur la plage, les poissons sont vidés, en même temps que nos langues se délient.

– J'ai examiné de près ce fameux cryptogramme.

– Et alors ?

– Et alors rien. Je n'y comprends rien.

– ...

– Mais je me surprends à chercher encore, me confie Docteur Blind. Je cherche tout le temps. Ça me tourne dans la tête. Avant que tu ne me racontes ta vie, je croyais que les histoires de trésor n'existaient pas. Maintenant, je commence à penser que si. C'est une folie.

– Vous auriez préféré continuer à ne pas y croire ?

– Disons que j'aurais été plus tranquille.

– On est deux, je dis. Deux à y croire et deux à chercher.

– Espérons que ce soit suffisant. Parce que déchiffrer un pareil cryptogramme pourrait bien nous prendre toute une vie. Sans compter qu'il nous faudra sans doute une autre vie pour comprendre ce qu'on aura réussi à déchiffrer.

– Et une troisième pour localiser le trésor, j'ajoute.

– Oui. Trois vies. Et nous ne sommes que deux !

chapitre 24

Ce qui nous manquait à tous les deux, ce n'était pas une ou plusieurs vies supplémentaires, mais plus simplement une méthode.

Jusqu'à l'hiver 1843. Cette année-là, on croise un marin américain de passage à Antigua. L'homme arrive de New York. Une vilaine plaie l'oblige à consulter d'urgence. Fervent lecteur, il s'entend à merveille avec Docteur Blind. Il parle sciences, littérature, politique. En repartant, il nous fait cadeau de plusieurs revues récentes. Parmi elles, le *Philadelphia's Dollar Newspaper*. Docteur Blind y découvre un récit qui le passionne, *Le Scarabée d'or*, signé Edgar Allan Poe. Il le lit et le relit plusieurs fois, avant que j'en prenne connaissance à mon tour. L'action se passe sur l'île de Sullivan, en Caroline du Sud. Un certain William Legrand y trouve un vieux parchemin avec un cryptogramme inscrit dessus.

```
53‡‡†305))6*;4826)4‡.)4‡);806*;48‡8
¶60))85;1‡(;:‡*8†83(88)5*†;46(;88*96
*?;8)*‡(;485);5*†2:*‡(;4956*2(5*—4)8
¶8*;4069285);)6†8)4‡‡;1(‡9;48081;8:8‡
1;48†85;4)485†528806*81(‡9;48;(88;4
(‡?34;48)4‡;161;:188;‡?;
```

Pour déchiffrer cette mystérieuse combinaison, le personnage de Legrand procède par déduction. D'abord en adoptant le principe que les caractères remplacent des lettres. Il dénombre chaque caractère. Celui qui apparaît le plus souvent (trente-trois fois) est le 8. Persuadé que le message est en anglais (il a acquis la conviction qu'il s'agit d'un message du capitaine Kidd), et sachant que le *e* est la lettre la plus fréquemment utilisée dans la langue anglaise, Legrand suppose donc que le 8 peut se traduire par *e*. Un autre indice le conforte dans cette hypothèse. En anglais, la lettre *e* a pour habitude d'être redoublée, et ici le 8 est redoublé cinq fois en seulement cinq lignes. Avec une ingéniosité sans pareille, Legrand avance ainsi à tâtons, de découverte en découverte. Pour finalement remplacer chaque caractère par une lettre, et obtenir un message encore nébuleux, mais lisible, qui le conduira jusqu'à un véritable trésor.

A good glass in the bishop's hotel in the devil's seat forty-one degrees and thirteen minutes north-east side shoot from the left eye of the death's-head a bee-line from the tree through the shot fifty feet out.

(Un bon verre dans l'hostel de l'évêque dans la chaise du diable quarante et un degrés et treize minutes nord-est quart de nord principale tige septième branche côté est lâchez de l'œil gauche de la tête de mort une ligne d'abeille de l'arbre à travers la balle cinquante pieds au large.)

– Il ne nous reste plus qu'à en faire autant, je dis.
– J'ai déjà essayé, me répond Docteur Blind. Pendant que tu lisais.
– Et ?
– Et je n'arrive à rien.
– Un peu de patience. Legrand a mis un mois pour décoder cinq lignes.

Un mois plus tard, le cryptogramme de mon ancêtre La Bouche nous paraît toujours aussi impénétrable. Tout juste pouvons-nous affirmer qu'un caractère apparaît quatre-vingt-seize fois, un autre quarante-neuf, et huit autres une vingtaine ou une trentaine de fois. Pour le reste, aucune certitude, peu d'hypothèses dignes d'intérêt. Toutes les pistes envisagées finissent par être abandonnées les unes après les autres. Docteur Blind s'en arrache les cheveux, et jalouse quotidiennement l'intelligence de Legrand.
– Il faut écrire à cet homme, je dis.
– Qui ?
– William Legrand.

– Legrand est un personnage inventé par Edgar Poe, me rappelle Docteur Blind.

– Alors il faut écrire à Edgar Poe. C'est le genre d'homme capable de résoudre notre énigme.

– Et de trouver le trésor à notre place ? Merci bien...

Docteur Blind insiste encore un mois. Il se torture l'esprit jour et nuit. Soupçonne La Bouche d'avoir écrit son message en français, puis en latin, en espagnol, en portugais. S'initie à chacune de ces langues. Se renseigne auprès d'un capitaine sur tous les codes marins. Récupère une carte des mers du Sud. Étudie le cryptogramme dans ses moindres détails. Remplit des colonnes de chiffres et de lettres, expérimente toutes sortes de combinaisons abracadabrantes. Et au bout d'un mois, il renonce.

– Tu as raison. Je n'y arriverai pas tout seul.

– Alors écrivons tout de suite à Edgar Poe.

– Non.

Et tout en disant non, Docteur Blind ramasse son cahier.

– J'ai un métier qui tient dans une tête.

Il rassemble son cahier, l'intégralité de ses recherches sur le cryptogramme, quelques vêtements...

– J'ai un métier qui tient dans une valise.

Il remplit sa valise de toutes ces affaires, ajoute quelques racines, des feuilles séchées, des flacons de poudre et de sève aux vertus médicinales... Il vide sa cabane de tout ce qui peut lui servir à exercer son métier. Le strict nécessaire, sans oublier sa précieuse image à l'effigie de saint Antoine de Padoue accrochée au-dessus de la porte. Et puis il marche vers Saint John's. Je l'accompagne avec mon médaillon dans une poche, mon sablier dans l'autre.

– On va où ? je demande.

– À Philadelphie, ou à New York, au nord de l'Amérique. Continuer à faire ce qu'on fait ici. Soigner les gens. Et...

– Et rencontrer Edgar Poe ?

– Exactement ! En espérant que l'homme soit plus facile à trouver qu'un trésor !

Avant de rejoindre le port, Docteur Blind me choisit des vêtements neufs dans une boutique de Saint John's. Pantalon à bretelles et chemise en coton. Il me coiffe d'une casquette aux couleurs du sable d'ici. Il m'achète également ma première paire de souliers. En ressortant, je marche de travers. L'ivresse d'être quelqu'un d'autre, ou bien mes pieds qui s'habituent difficilement à leurs fourreaux de cuir. Je regarde mes nouveaux habits, je caresse le tissu doré de ma casquette en souriant. Nous sommes au début de l'année 1844, j'ai 13 ans, et je vais découvrir l'Amérique.

chapitre 25

À bord du *Spark*, brigantin s'adonnant au commerce entre les Amériques du sud et du nord, nous quittons Antigua au lever du jour. Douze hommes s'échinent à la manœuvre. Sur le pont arrière, Docteur Blind partage le silence du capitaine Bilingsly. L'homme qui a bien voulu nous embarquer est un taiseux, préférant écouter la brise faire claquer les drisses et les voiles, plutôt que de s'enquérir des motifs de notre voyage. Contre une poignée de dollars, il accepte de nous conduire jusqu'à New York.

D'abord nous mettons cap à l'ouest, et dans la journée je me lie d'amitié avec Rupert, un jeune mousse principalement chargé d'aider le cuisinier. En sa compagnie, je visite le *Spark*, et m'étonne d'y découvrir un canon à l'avant, deux pierriers à l'arrière, avec suffisamment de mitraille et de boulets pour résister à d'éventuels assaillants. Rupert me rassure, les pirates qui infestaient la région au siècle dernier ont disparu depuis quelques années. Officiellement, des navires américains qui patrouillaient jusque dans le golfe du

Mexique ont balayé le pavillon à tête de mort des Caraïbes. Mais on n'est jamais trop prudent.

Nous ne croiserons aucun pirate, seulement des navires inoffensifs comme le nôtre, une cohorte de requins sur la côte sud de Puerto Rico, un vol de frégates et quelques pélicans bruns. Trois poissons volants s'échoueront sur le pont à l'approche du soixante-dixième parallèle de longitude ouest.

Rupert s'informe à mon sujet. Il veut savoir si je suis né à Antigua. En apprenant des bribes de mon histoire, il hoche la tête et regarde ailleurs. Lorsqu'à mon tour je lui demande d'où il vient, il m'affirme être à moitié indien par sa mère. Soi-disant que son grand-père maternel était un guerrier cherokee, et que toute sa famille fut évacuée de force des territoires qu'elle occupait depuis la nuit des temps. Je regarde les cheveux roux de Rupert, et je crois qu'il ment. Mais il ment avec une telle conviction que je l'écoute jusqu'au bout. Il dit encore qu'en quittant ses terres ancestrales, sa mère avait déjà rencontré son père, un chercheur d'or écossais. Et qu'au lieu de suivre sa famille à elle vers l'ouest, tous les deux ont rejoint sa famille à lui vers le nord. Sa mère est morte pendant le voyage. Rupert a passé toute son enfance dans l'État du Connecticut, élevé chez un oncle de son père. Il ajoute qu'il n'a jamais aimé son père, ni aucun membre de sa famille du côté paternel.

– Pourquoi tu souris ? me demande Rupert.
– Parce que j'ai du mal à croire à ton histoire.
– Et tu t'imagines que je peux croire à la tienne ?
– Non. Tu as raison. Comment es-tu arrivé sur ce bateau ?
– Le capitaine Bilingsly est mon oncle, m'avoue-t-il.

Rupert prétend que nos vies ont certainement des points communs, mais que lui n'a encore jamais accepté d'enfiler des souliers comme les miens, et qu'il ne s'y résignera jamais. Jetant un œil à ses pieds nus, je lui rétorque qu'il n'y aucune honte à porter des souliers, qu'on soit clair ou foncé de peau. Rupert insiste, les Indiens ne portent que des mocassins, les miennes ce sont des chaussures de Yankee. Des chaussures de Blanc. Je sens qu'il me teste, qu'il cherche à savoir de quel côté je suis. Pour lui, le monde est séparé en deux parties : les Blancs d'un côté, tous les autres en face. Les Cherokees ont capitulé, me dit-il, et à moins de s'unir rapidement, tous les peuples indiens subiront bientôt le même sort. Exterminés, ou déportés. Lui a voulu vivre sur un bateau, d'une terre à une autre, et marcher pieds nus.

Plus tard, Rupert m'avoue son rêve : que les pirates hantent à nouveau les océans, pour apeurer les puissants et couler leurs navires.

Les nuits sont chaudes. Nous nous installons sur le pont, à la belle étoile. Je fais plaisir à Rupert en l'écoutant me parler longuement de la vie des pirates. Il en connaît un rayon sur le sujet, et ne se lasse pas de me conter les rocambolesques aventures de Teach, du Kidd et de Borgnefesse. Quand j'évoque *Le Scarabée d'or*, et le trésor du Kidd déterré par William Legrand, il ricane. J'ouvre la valise du Docteur Blind pour lui montrer notre exemplaire du *Philadelphia's Dollar Newspaper* et le récit d'Edgar Poe. Mais Rupert ne sait pas lire. Ses histoires de pirates, il les a toutes apprises dans les ports.

– Le trésor du Kidd n'a jamais été retrouvé, affirme Rupert, sûr de son affaire. On l'a cherché sur l'île de Clarke, dans le Massachusetts. Sur Oak Island, en Nouvelle-Écosse. Et ailleurs encore. Mais il reste introuvable. Ton histoire du *Scarabée d'or* n'est que pure invention. De vulgaires écritures. Les Cherokees appellent ça des feuilles qui parlent. Ils s'en méfient.

– Admettons que ce texte soit pure invention. Mais tu ne peux pas dire que toutes les écritures ne valent rien.

– Je ne dis pas ça. Je dis que les feuilles qui parlent s'envolent avec le vent, pareilles que des feuilles mortes. Que souvent ce sont des mensonges, ou des promesses. Et que la plupart du temps les hommes oublient de tenir leurs promesses.

– Et moi je crois que les feuilles qui parlent peuvent tenir leurs promesses.

– Pourquoi dis-tu ça ?

– Imagine que tu aies en ta possession le plan d'un trésor...

– Et après ?

– Si ce plan te conduit au trésor, tiendra-t-il sa promesse ?

– Où veux-tu en venir ?

J'ouvre mon médaillon. Les yeux de Rupert ne trahissent aucune émotion. Il examine les mystérieux caractères comme il regarderait un papier vierge. Pour lui ce ne sont que des traits, les nervures d'une feuille morte. J'ai beau lui en résumer l'histoire et lui avouer ma ferme intention de les déchiffrer, il m'écoute en souriant. Les rêves sont pour les fous, soupire-t-il. Puis il se tourne vers le ciel étoilé en fermant les yeux.

Dans le silence qui suit, un marin de quart joue du banjo, et nous nous laissons bercer par la musique et le roulis du bateau. Avant de m'endormir, j'entends Rupert grommeler que les pirates étaient souvent illettrés, mais que Bartholomew Roberts adorait dîner au son des violons.

chapitre 26

Les jours suivants, le temps se dégrade. Moins de soleil, et un vent de face. Rupert m'évite. Je croyais m'être fait un ami, mais ce compagnon fuit mon regard. Tout bascule si vite que j'ai du mal à comprendre. La nature humaine s'avère plus compliquée à déchiffrer que n'importe quel cryptogramme. En contemplant l'étendue verte et grise autour du bateau, je me demande si je ne ferais pas mieux de plonger au fond des océans, vivre ma vie de poisson. J'aperçois une pieuvre remonter à la surface, et j'envie son insouciance. Somme toute, Rupert a peut-être raison. Que valent vraiment les écritures ? Nous rendent-elles supérieurs ? Et la parole ? Faut-il croire en la parole ? Parfois les mots semblent dire une chose et leur contraire. Notre histoire est gravée dans notre chair, mais les mots qui la traduisent peuvent tout aussi bien la trahir.

Une après-midi entière, je m'assieds au pied du grand mât et rumine encore et encore. Docteur

Blind finit par deviner mon désarroi. Il m'interroge et me trouve bien imprudent d'avoir dévoilé si facilement notre secret à n'importe qui.

– Rupert n'est pas n'importe qui, je dis. Il a du sang cherokee. Il connaît des tas d'histoires sans avoir lu un seul livre.

– Peut-être, admet Docteur Blind. Mais sa fascination pour les pirates ne doit pas t'encourager à lui dévoiler notre projet.

– De toute façon, il ne sait pas lire. Il se méfie des écritures.

– Il ne s'en méfierait pas s'il connaissait un peu mieux son histoire.

– Pourquoi ?

– Parce que c'est un Indien cherokee qui le premier a inventé une méthode pour écrire comme les Blancs. Il était persuadé que la lecture et l'écriture pouvaient permettre aux Indiens de rivaliser avec les colonies européennes. Il a convaincu tout son peuple d'adopter son alphabet. Avec des symboles pour chaque syllabe.

– Ça n'a pas empêché les Blancs de voler leurs terres aux Cherokees...

– C'est vrai.

– Alors à quoi ça a servi ?

– À ma connaissance, un botaniste autrichien aurait rendu hommage à l'obstination de l'inventeur de cet alphabet, qui s'appelait Sequoyah, en donnant son nom à un des plus grands arbres du monde.

Le séquoia. Sinon, j'ai entendu parler du *Cherokee Phoenix*, le premier journal indien publié. Et puis, avec cet alphabet, les Cherokees n'oublieront jamais leur histoire.

– Un Blanc aurait pu l'écrire à leur place. Vous avez bien écrit la mienne dans votre cahier.

– C'est seulement ma version. La tienne serait bien meilleure…

J'emprunte un crayon et une feuille à Docteur Blind, avec l'intention d'écrire une histoire. Mais plutôt que de raconter la mienne, je choisis de parler de Mbo.

Mbo m'est apparu plusieurs fois en rêve. Il est l'homme qui vient du pays des arbres géants et des rivières d'argent. Son corps est plus grand que le grand mât du Spark. *Peut-être aussi grand que le séquoia, qui est l'arbre le plus grand du monde…*

J'écris ces premières phrases, et puis après je ne sais plus quoi dire. Les mots s'embrouillent dans ma tête. Je rature. Je recommence. Je finis par faire une boulette de mon papier et de l'histoire de Mbo. Et je la jette à l'eau en pestant. J'abandonne. Mon impatience éclate au grand jour. Depuis que nous sommes partis, j'ai l'impression de faire du surplace. Je suis continuellement nerveux. Je me surprends à tripoter mes souliers et à penser que ce voyage nous mènera à notre perte. Je redoute une tempête. Je crains le retour du kraken.

Nous passons au large de la terre des grandes pentes, autrement nommée l'île à Sucre, ou Haïti. C'est sur ces montagnes que les premiers esclaves se sont révoltés. Entre ces forêts et ces lopins accrochés aux collines qu'a été fondée la première république noire indépendante. Ici, précise Docteur Blind, les esclaves ont retrouvé un peu de dignité avant tous les autres. Mais ils continuent d'être des esclaves. La seule différence, c'est qu'on les paye. On leur donne un peu d'argent, et on leur demande en même temps de rembourser une dette imaginaire à l'égard de la France, qui a bien voulu leur accorder leur indépendance.

Cap au nord. Une escale était prévue dans les parages, mais le capitaine juge la météo défavorable. Il préfère ne pas perdre de temps, et profiter des vents du sud. Laissant Cuba à bâbord et Haïti à tribord, le *Spark* fait route vers les Bahamas.

Rupert revient vers moi. Il veut savoir si je connais la célèbre île de la Tortue, que nous apercevons au nord d'Haïti. Je lui avoue que non. Ma réponse le déçoit. L'air dépité, il me dévisage longuement, avant de repartir en traînant des pieds. Plus tard, en passant près de moi tête haute, il m'apprend que l'île de la Tortue abrita les plus célèbres pirates.

Plus le voyage avance, et plus le doute me gagne. Dans ma tête se bousculent les histoires de pirates de Rupert, toutes les connaissances que Docteur Blind partage avec moi, et ma propre vie. Surtout ma vie d'avant. Ma première vie, et encore avant. Mes parents, mes grands-parents, jusqu'à Olivier Levasseur... La Bouche, ou La Buse... Je n'ai aucune image de tous ces gens dont on me parle. J'ai aperçu Haïti, j'ai aperçu l'île de la Tortue, mais je n'ai vu aucun esclave, aucun pirate. Aucun visage. Parfois je me demande s'ils ont réellement existé. Si Nosy Boraha existe. Au niveau des Bahamas, les îles sont tellement nombreuses que cette impression d'irréalité augmente. À peine apparue, une terre s'éloigne, une silhouette laisse la place à une autre, tout s'écarte, tout s'estompe. Nous filons vers le passage des Caïques, endroit stratégique pour sortir de la mer des Antilles, et je surveille l'horizon, impatient de découvrir les côtes américaines. Je veux enfin voir une ligne continue. J'attends un continent.

Sur la mer redevenue calme, le ballet gracieux des méduses m'enchante, et je finis par m'assoupir. Accoudé au bastingage, je rêve que je suis un oiseau. C'est un rêve éveillé, un rêve ensoleillé. Je migre vers le nord, je suis un oiseau noir dans le froid de l'hiver, loin de Mbo, loin du pays des arbres géants et des rivières d'argent. En plein jour, je frappe aux persiennes d'une large fenêtre. Un homme m'ouvre. D'un battement d'ailes, j'entre dans la pièce, en me disant que je ne suis pas chez n'importe qui. Il y a une lampe. Des rideaux aux fenêtres. Un lit confortable, un fauteuil aux coussins en velours, et des livres, beaucoup de livres. La porte est grande ouverte, un courant d'air m'oblige à me réfugier sur un buste accroché au mur. La porte se referme en claquant, et je ne vois plus l'homme. Je le cherche des yeux, mais il a disparu. Il ne reste que son nom inscrit sur une enveloppe envolée avec le vent : Edgar Allan Poe. Je suis seul dans la chambre de l'écrivain. Mon ombre de corbeau tremble sur un tapis brodé où d'étranges motifs s'enchevêtrent.

C'est Rupert qui me réveille en me bousculant. Il ricane dans mon dos, et je l'entends me répéter d'un ton mauvais que les rêves sont pour les fous.

La nuit suivante, je dors d'un sommeil sans image.

chapitre 27

– Antoine ! crie Docteur Blind. L'Amérique !

Envoyant valser ma couverture, je me précipite à la proue du *Spark*. Tout est gris. Un ciel d'ardoise et une mer en furie. Mais des bourrasques chassent épisodiquement les nuages, et dans le lointain j'aperçois la côte, si basse qu'elle se confond avec la ligne des flots. Docteur Blind et moi échangeons un sourire. L'Amérique est là, toute proche. Elle nous accueille en se parant d'un rideau de grisaille. Elle se voile, et se dévoile lors de brèves éclaircies. Elle se fait désirer encore.

Pour fêter cette première vision du continent, Docteur Blind sort un flacon de sa poche. Il m'offre un fond de liqueur parfumée au miel, que je bois cul sec, en ayant le sentiment d'avaler le soleil. Je ferme les yeux. Le soleil est en moi. Au plus profond. Sa chaleur gagne chaque recoin de mon corps. Quand je rouvre les yeux, un petit bout d'Amérique pointe encore entre les nuages. J'ai envie d'embrasser tout le monde. Je fais le tour du bateau en riant bêtement, et les marins rient avec moi, se moquant gentiment. Seul Rupert s'esquive en cabine.

Les heures qui suivent, le mauvais temps persiste et m'oblige à trouver un abri. Reclus sous un canot de sauvetage, j'oublie momentanément l'Amérique. Je délaisse l'horizon, les vagues, et je parcours les notes de Docteur Blind dans son cahier. J'y redécouvre mon histoire telle qu'il a pu la transcrire. Je la lis à l'envers. C'est étrange, tout en connaissant chaque détail, je me surprends à trembler pour le personnage principal. Taan. Antoine. C'est pourtant de moi qu'il s'agit. Je lis et relis ma naissance. Mon cœur bat plus vite lorsqu'il est question du kraken.

Parfois je sors mon sablier de ma poche pour l'observer. Je le tourne et le retourne. Plusieurs minutes. Je m'imagine être un de ces grains de sable. Prisonnier d'un jour ou d'une vie, d'un nouveau jour ou d'une nouvelle vie, comme le grain de sable est prisonnier chaque fois d'une nouvelle minute. Résistant pour retarder l'irrémédiable, ne pas tomber tout de suite de peur de m'ensabler. J'ai remarqué que juste avant de basculer dans l'entonnoir inférieur, la chute du sable semble s'accélérer.

On longe la Floride, la Géorgie, puis la Caroline du Sud. Selon le capitaine Bilingsly, nous allons bientôt passer au large du port de Charleston. C'est-à-dire que nous dépasserons quelques milles à bâbord l'île de Sullivan, là exactement où se déroule l'action du *Scarabée d'or*.

– Quelque chose me tarabuste, dit Docteur Blind. Dans *Le Scarabée d'or*, le cryptogramme conduit Legrand à découvrir le trésor du capitaine Kidd sur ces côtes, en Caroline du Sud.

– Et alors ?

– Et alors, puisque tu viens de relire mes notes sur l'histoire de tes origines, tu as dû redécouvrir un détail troublant. À propos du capitaine Kidd.

– Je me souviens. Mon arrière-grand-père prétendait être le petit-neveu du capitaine Kidd…

– … et il cherchait le trésor de son grand-oncle dans les mers du Sud, continue Docteur Blind. Au large de Nosy Boraha, où a été coulé son vaisseau, l'*Adventure Galley*.

– C'est vrai.

– Or je ne peux pas croire qu'Edgar Poe ait pu situer son histoire à un endroit incompatible avec la vie du capitaine Kidd.

– Donc si je comprends bien, vous croyez que c'est mon histoire qui est fausse ? Sauf que vous ignorez que la vie du capitaine Kidd ne s'est pas arrêtée à Nosy Boraha. C'est Rupert qui me l'a dit. Sur ce sujet, on peut lui faire confiance. Après les mers du Sud, Kidd est revenu à New York sur un autre bateau, puis à

Londres, où il a été pendu. Ça fait beaucoup d'endroits pour cacher un trésor...

– Mmm. Tu as sans doute raison.

– Et c'est ce qui permet à Edgar Poe de situer son histoire ici, comme il aurait pu la situer à l'autre bout du monde.

– ...

– Un autre problème ? je demande.

– Non. Je me disais juste que ton médaillon pouvait ressembler au *Scarabée d'or*. Olivier Levasseur, ou n'importe lequel de tes ancêtres, a très bien pu faire comme Edgar Poe. Inventer une légende autour de son trésor.

– Ça ne veut pas dire que le trésor n'existe pas, je réponds.

– Non, mais ça peut vouloir dire que le cryptogramme est une fausse piste.

– Vraie ou fausse, c'est une piste. Et pour nous c'est la seule.

– Tu as raison. Tu as sûrement raison, et c'est moi qui ai l'esprit tordu !

Docteur Blind reste longtemps prostré à l'arrière du navire. Je l'observe à la dérobée. Son air soucieux, ses sourcils froncés. Ses doutes. Cet homme a abandonné une partie de sa vie pour moi. Sa cabane en torchis, son fauteuil à bascule, son arbre rachitique, sa barque, et son île. Et maintenant il est là, au bord de l'Amérique, sur la piste d'un trésor.

Et il dit que mon médaillon pourrait ressembler au *Scarabée d'or*.

Au milieu de la nuit, je ressens des fourmillements sur ma poitrine. Pas un souffle, aucun bruit, juste la peau criblée de picotements. Comme des petites pattes d'insecte progressant sous ma chemise.

Le matin suivant, je me réveille sans rien autour du cou.

Je secoue ma couverture.

Retourne ma paillasse.

Fouille dans mes habits.

Rien.

Le médaillon a disparu.

– Qu'est-ce que tu as ? s'inquiète Docteur Blind.

Il y a que je ne peux plus parler. Ni respirer. J'ouvre grand la bouche pour avaler de l'air, et c'est devenu impossible. À croire que mes poumons se sont transformés en branchies, que je suis un poisson, des écailles sur le dos et les yeux ronds d'épouvante, comme n'importe quel poisson échoué sur le pont d'un bateau. Je suffoque. Ma poitrine se comprime et j'agite la tête dans tous les sens. Je tape du pied, pris de panique. Le *Spark* fait une embardée, je trébuche, je bascule à tribord en heurtant un marin de plein fouet. L'homme tombe à la renverse, il me crie de faire attention.

Je tiens encore debout, je pivote, et trois pirouettes plus tard me retrouve de nouveau à bâbord, devant Docteur Blind. Je m'agrippe à lui, il voit le sang affluer à mon visage et me gifle. Pan !

Alors je sens l'air revenir, d'un coup. J'en avale une longue bouffée. Une deuxième. J'inspire. J'expire. Et au fur et à mesure que je reprends mon souffle, la colère m'envahit.

Le médaillon. Le médaillon a disparu. Mon médaillon. Le trésor.

J'écarte Docteur Blind, me faufile entre deux marins et le capitaine Bilingsly, puis fonce tête baissée vers les cabines. Au même moment, Rupert sort de la cambuse avec un sac de farine sous le bras. Je le repousse brutalement, avant de lui décocher un coup dans la poitrine. Il lâche son sac, la farine se déverse à ses pieds et je remets ça. Je parle avec mes poings. Deux coups dans l'estomac, un autre sous la mâchoire, Rupert n'a pas le temps de dire ouf que je me jette sur lui pour déchirer ses poches et lui arracher sa chemise. Je cogne encore. Il tente de s'échapper, attrape le couvercle d'une jarre pour s'en servir de bouclier, mais j'envoie tout valser. Je parle avec mes poings et mes pieds. Avec la rage au ventre. La jarre se renverse, des centaines d'olives roulent entre nos jambes, un flot de vinaigre nous éclabousse. Je frappe coup sur coup, jusqu'à sentir d'autres corps dans mon dos.

On me saisit. Trois marins m'immobilisent les bras et les jambes. Je hurle. Puis on me remonte sur le pont, je hurle et me débats, je suis un paquet de nerfs. Un fauve. Je rugis. Une grappe de bras s'entortille autour de moi. Puis je reçois deux baquets d'eau de mer en plein visage, et ma colère se noie.

Au fond de ma poche, le sablier s'est brisé.

Les minutes s'en vont.

Docteur Blind me prend dans ses bras. Je tremble. Je crois que nous tremblons tous les deux. Les tremblements durent, et pendant tout ce temps je me sens vidé. J'entends qu'on nous parle, mais je ne comprends pas tout. Les mots se mélangent, ils forment une sorte de bouillie. Finalement, quand tout le monde est parti, c'est la voix calme et douce de Docteur Blind qui me fait un résumé. Rupert a rendu le médaillon. Il est là, dans ma main. Rupert s'est excusé de l'avoir volé, Docteur Blind s'est excusé pour mon comportement.

– Alors tout va bien, je dis.

– Tout va bien, répète Docteur Blind. Excepté un détail : le capitaine a décidé de se débarrasser de nous à la prochaine escale.

chapitre 28

En mettant pied à terre, je sens le cœur de l'Amérique battre sous mes souliers. Il bat vite. Ou alors c'est le mien. Ici tout semble accéléré, sur le port l'agitation est telle que je suis étourdi, je dois me concentrer pour ne pas buter contre les gens. Leurs jambes et leurs bras vont et viennent à un rythme endiablé, ils ont des semelles de vent.

– C'est ton cœur, dit Docteur Blind.

Je souffle. Docteur Blind s'éloigne déjà parmi la foule. Je le rejoins et règle mon pas sur le sien. Nous sommes au bord d'une rivière aux eaux limoneuses. À Wilmington, en Caroline du Nord. Encore très loin d'Edgar Poe. Sur les quais, le *Spark* va bientôt appareiller pour New York. Sans nous.

– Nous trouverons un autre bateau, me rassure Docteur Blind.

Wilmington, c'est Saint John's en plus grand. Antigua puissance dix. Les bateaux plus nombreux à quai, les marins plus bruyants, les maisons plus hautes. Dans les quartiers avoisinants le port, on croise des femmes encore plus élégantes, des jardins plus fleuris.

– Où sont les Indiens ? je demande.

Docteur Blind ne prend pas le temps de me répondre. Il nous cherche une chambre. Un abri pour la nuit. Les aubergistes nous regardent de travers. Que fait un docteur avec un petit homme métis habillé comme un Blanc ? Pas de chambre ici, disent-ils les uns après les autres. Ailleurs, peut-être. Une rue plus loin. Les chambres sont nombreuses, je me dis que nous finirons bien par trouver. Et demain, nous repartirons vers le nord. Nous aurons tout oublié du *Spark*, et de Rupert, et de cet incident stupide. Nous ne penserons qu'à New York.

– Attends-moi là, dit Docteur Blind.

Il se renseigne auprès d'un matelot, m'indique une direction, se renseigne de nouveau, avant d'obliquer vers un autre quartier plus reculé. La ville est quadrillée comme le tissu de mon pantalon, les bâtiments et les maisons, alignés les uns à la suite des autres, chaque bloc séparé par des rues et des ruelles perpendiculaires.

– Attends-moi là, répète Docteur Blind.

Cette fois, il entre dans une quincaillerie, interroge un employé, note plusieurs repères sur un bout de papier, et ressort triomphant, avec l'adresse d'un docteur susceptible de nous héberger. Les rues se rétrécissent. Elles sont de moins en moins passantes. Mais plus on avance, plus on se sent épié. Avachie contre un mur, une vieille femme m'adresse un sourire de pitié. Trois gamins me font des grimaces en se réfugiant sous les jupes de leur mère, pendant que celle-ci ajuste sa mantille et détourne la tête. Un homme fait ralentir son âne qui croule sous le poids de plusieurs sacs de charbon, juste pour nous regarder passer. On marche droit devant nous, évitant les ornières et les flaques de boue. Devant une façade blanchie à la chaux, Docteur Blind s'arrête enfin. Il dépose sa valise à mes pieds.

– Attends-moi là.

Je lève la tête. C'est une maison étroite, à deux étages. Une plante grimpante s'accroche aux linteaux. Des fenêtres entrouvertes s'échappe une odeur de friture. Sur le toit, les tuiles sont bleutées. Docteur Blind pousse la porte, je vais pour le rejoindre mais il insiste, je dois l'attendre dans la rue et surveiller la valise, il revient tout de suite.

La porte se referme toute seule. J'entends des pas dans un escalier. Une autre porte. Des voix. Puis plus rien.

J'ai à peine le temps de m'asseoir sur la valise de Docteur Blind, que trois maisons plus haut, sous un porche, un homme de petite taille me fait signe. Je dis un homme de petite taille, mais c'est peut-être un enfant, un adolescent, quelqu'un de mon âge. Dans l'ombre, je ne distingue que sa silhouette. C'est peut-être Rupert. Il lui ressemble. La même façon d'agiter la tête. Il a l'air nerveux, et continue avec insistance de secouer la main pour attirer mon attention. Il m'appelle.

– Pssst !

Et comme je ne réponds pas à ses signes répétés, l'inconnu vient à ma rencontre. Ses pieds sont chaussés, ce n'est pas Rupert. Et ce n'est pas un garçon, mais une fille. Une fille de mon âge, à la peau noire. L'allure d'un garçon sous une salopette rapiécée, mais des yeux de fille, un sourire de fille, et d'épais cheveux soigneusement rassemblés par-dessus un foulard noué autour du cou. Elle traverse la rue d'un pas nonchalant, bientôt suivie par un étrange animal. Une sorte de grosse pintade, le corps pourvu de deux ailes courtes, prolongé par une immense queue rabattue quelques centimètres au-dessus du sol. La fille me fait face, et dans son dos l'oiseau agite son cou bleu, avant de rejeter exagérément en arrière sa tête couronnée d'une aigrette.

– D'où tu viens ? demande la fille.

– Antigua.

– C'est où, ça ?

– Dans la mer des Caraïbes.

La fille me toise de la tête aux pieds, avant de cracher par terre.

– Qui est ton maître ?

– Mon maître ?

– Celui qui est rentré par cette porte.

– Docteur Blind ? C'est... c'est mon père.

La fille rigole. Un rire franc. Un rire d'enfant. Derrière elle, l'étrange oiseau commence à déplier les plumes de sa queue. Elles sont dorées, vertes et bleues, parsemées de taches rondes qui ressemblent à des yeux.

– Comment s'appelle cet oiseau ? je demande.

– Un paon.

La fille fait signe à l'oiseau de reculer.

– Moi c'est Antoine, je dis. Et toi ?

– Liz.

Je tends la main, mais c'est le paon qui approche son bec et vient frôler mes souliers, avant de s'écarter.

– Quand il crie, dit Liz en regardant ailleurs, on l'entend brailler à l'autre bout de la ville. Vrai de vrai, ça réveillerait un mort.

– Il est à toi ? je demande.

Liz rigole encore. Entre ses lèvres gercées, il lui manque une dent.

– Non, répond-elle. Il est à miss Bridges. Lui et moi appartenons à miss Bridges.

– Et qui est miss Bridges ?

Liz semble gênée. Elle jette un œil aux alentours. La rue est presque vide, seul un marin se précipite vers le port. On entend un chien aboyer.

– Ne reste pas là, dit Liz.

Je m'accroupis devant le paon, mais l'oiseau fait demi-tour et s'éloigne en repliant les plumes de sa queue. Liz le suit. Trois pas plus loin, elle me regarde une derrière fois, et d'un geste de la main m'encourage à partir.

– Va-t'en, insiste-t-elle. Si tu n'as pas de maître, tu ne peux pas rester. Ils vont te prendre.

Je frappe à la porte. Rien. Je l'entrouvre et appelle Docteur Blind à trois reprises. À l'intérieur, les murs sont recouverts de crépi jaune. Un escalier branlant conduit à une autre porte surmontée d'un pâle crucifix. Je pose un pied sur la première marche. Peut-être que je devrais monter, mais la valise est restée dans la rue. Je dois d'abord aller la chercher, ou rester dehors pour la surveiller. Je ressors.

Au même moment, deux hommes à cheval surgissent au coin de la rue. Ils s'arrêtent à ma hauteur. Les yeux sombres, des chapeaux poussiéreux, le corps voûté sous des vestes de cuir. Réfugié derrière la valise, je me rassure en me répétant que rien ne peut m'arriver. Docteur Blind est là, tout proche. En haut de l'escalier, la porte va s'ouvrir et il va crier mon nom, je vais monter avec lui. Demain nous repartirons ensemble à New York. Demain...

Se détachant d'entre tous les bruits noyés dans le bourdonnement de la ville, un cri étrange retentit quelques rues plus loin. Un cri d'oiseau. Peut-être le paon. « Ne reste pas là, m'a dit Liz. Ne reste pas. »

Des deux hommes, le plus jeune descend de cheval, fouille au fond d'une sacoche, en sort un gourdin et m'assomme.

chapitre 29

Il y a ce rêve qui revient. Toujours le même. Moi flottant sur un tronc à la dérive, le fleuve sombre, la pluie, l'homme qui surgit d'entre les arbres. Celui avec des bras aussi longs que le corps, des pieds aussi larges que la tête, et tout le squelette recouvert d'une peau si épaisse qu'on dirait une écorce. Celui avec des trous à la place des yeux, et des larmes dedans. L'homme qui s'appelle Mbo, et qui vient du pays des arbres géants et des rivières d'argent.

Cette fois, Mbo nage à ma rencontre. Ou plutôt, il nage à la rencontre du tronc à la dérive. Et chevauchant l'arbre de ses cuisses puissantes, il me fait signe de déguerpir. Je décide de rester malgré tout. Il me repousse. Je perds pied. Bras et jambes. Tête. Je coule. Et dès que je refais surface, Mbo est là pour m'assommer avec son poing.

La même histoire se répète plusieurs fois. Je coule, je refais surface, il m'assomme avec son poing, je coule, je refais surface, il m'assomme avec son poing... Jusqu'à ce que je resurgisse dans son dos en criant.

– Mbo !

Je crois qu'il ne m'entend pas. Il a des trous à la place des yeux et des trous à la place des oreilles, la pluie les traverse et ruisselle sur son visage muet. Avec son poing, il continue inlassablement de taper à l'aveugle, faisant onduler le fleuve comme un fouet prêt à mordre la forêt.

– Arrête ! Arrête de taper !

Je crie, mais son poing s'abat une bonne douzaine de fois avant que Mbo ne finisse par se calmer. Le fleuve poursuit plus tranquillement sa progression vers l'océan, et au-dessus de nous j'aperçois un vol d'oiseaux bleus et verts. Mbo tend les bras vers eux. Les oiseaux filent vers le soleil.

chapitre 30

La tête me tourne. Je me réveille pieds et mains liés, calé au fond d'un chariot cahotant, baigné par la lumière tamisée d'un sous-bois. Ici, les arbres ne ressemblent pas à ceux d'Antigua. Ils sont plus massifs. Plus éloignés les uns des autres. Leurs branches paraissent sèches et craquantes, on dirait qu'ils ont soif. Qu'ils manquent d'air. À travers leurs frondaisons, j'entrevois le bleu du ciel constellé de petits nuages blancs.

Je suis entier. Courbatu mais entier. Souliers, pantalon, chemise, et surtout le médaillon. Tout y est. Ne manque que ma casquette. Autour de moi, des melons roulent d'un coin à l'autre du chariot, et des bidons s'entrechoquent aux moindres secousses. D'autres marchandises sont entassées à mes pieds. Des tissus, des provisions, des outils. Malgré mes liens, je réussis à me hisser pour voir la route. C'est un chemin forestier, sinueux, bordé de ronces. Un cheval trapu tire le chariot. Tenant les brides, un homme grand et maigre me tourne le dos. J'aperçois juste ses cheveux grisonnants dépasser d'un chapeau galonné d'argent. Et ses mains, couleur chocolat.

– Qui êtes-vous ? je demande.

– Ah ! T'es réveillé, dit l'homme d'une voix enjouée. Après tous les coups que t'as reçus sur la caboche, ça tient du miracle !

– Vous êtes un esclave ?

– J'm'appelle Solomon Adams. Ici tous ceux qu'ont pas la peau blanche sont des esclaves. Tu devrais savoir ça.

– Je ne suis pas un esclave. Je m'appelle Antoine, et je voyage avec Docteur Blind.

Solomon se trémousse sur son siège, répète plusieurs fois mon prénom sur tous les tons, avant de faire volte-face. Ses yeux pétillent de malice, il affiche un large sourire édenté et me tend la main.

– B'jour, d'abord. Et bienvenue !

Je brandis mes poignets ligotés. Solomon s'excuse.

– C't'encore un peu tôt pour te détacher. Les p'tits gars de ton espèce ont des jambes qui courent plus vite que les miennes ! Pas vrai ?

Solomon lève la jambe gauche. Elle est en bois. Une seule botte vernie pour le pied droit, et un moignon prolongé d'une prothèse à gauche. Il tambourine avec, un coup à droite, deux coups à gauche, s'applaudit lui-même, avant d'éclater d'un rire tonitruant.

– La gauche est restée quelqu'part en Afrique, la droite voyage en Amérique !

En sortant de la forêt, la lumière est soudain plus vive et m'oblige à plisser les yeux. J'aimerais pouvoir tâter mon crâne, que je sens cabossé de toutes parts, comme un de ces melons qui roulent à mes pieds. J'aimerais me dégourdir. Mon ventre est vide, j'ai faim, j'ai soif, et je reste prisonnier d'un esclave qui s'esclaffe en jouant des claquettes avec sa jambe de bois. Coincé entre deux ballots de tissus, un outil tranchant brille au soleil. Je m'approche pour tenter de libérer mes poignets, quand le cheval fait une telle embardée que je perds l'équilibre et me retrouve cul par-dessus tête, à l'autre extrémité du chariot. On est à l'arrêt, plus personne ne bronche pendant une bonne minute.

– Qu'est-ce qui se passe ?

– Y a un serpent au milieu de la route, m'avertit Solomon.

– Et alors ?

– Alors le cheval a peur des serpents. On attend qu'le serpent traverse, pour que c'te vieille carne r'démarre.

– Mais un serpent peut rester endormi au soleil toute une journée, je dis. Il peut ne pas bouger d'ici avant ce soir !

– Alors on attend ce soir.

Solomon reprend son numéro de claquettes en m'adressant un clin d'œil.

– J'en connais certains qui raffolent des crotales. Découpés en rondelles et cuits dans la braise. Mais moi, j'm'approche pas. C'qui rampe me dégoûte. Sans compter qu'il suffirait d'une morsure à ma jambe valide pour que j'rampe à mon tour !

– Alors laissez-moi faire. Détachez-moi, et je vous enlève ce serpent de la route...

– Ttt-ttt... Tu vas en profiter pour t'enfuir !

– Je vous promets que non.

Solomon soupire. L'air exagérément sérieux, il me fixe droit dans les yeux.

– Tu sais tenir une promesse ?

Pieds et mains fraîchement déliés, je saute du chariot, casse une tige d'acacia, et m'approche à deux pas du serpent. Solomon veut savoir s'il s'agit d'un crotale, mais je ne connais pas le nom des serpents. Je sais juste que celui-ci tombe à pic, et m'offre une bonne occasion pour m'enfuir, contrairement à ce que j'ai promis. Parce que j'ai d'autres promesses à tenir.

Sans trembler, j'enroule le serpent autour du bâton et le rejette à l'écart de la route. L'air de rien, je me prépare à bondir, lorsque j'entends un déclic. Un pas en arrière, je me retourne. Solomon pointe sur moi le canon d'une carabine.

– Alors, alors ? C'est qui l'plus malin ?

– C'est vous, je dis. Mais je ne voulais pas m'enfuir.

– Oh le joli mensonge ! Allez, viens t'asseoir en vitesse !

En revenant au chariot, je me dis que c'est peut-être mieux ainsi. Après tout, je ne sais même pas où je suis, et dans quelle direction m'enfuir. Bavard comme il est, Solomon me renseignera certainement, j'aurais dû commencer par là. Grimper sagement auprès de lui, du côté de sa jambe de bois. Le laisser parler le premier.

– J'te rattache ou pas ?

– Je préfère pas.

– Alors non.

Solomon range l'arme sous notre banc avant de reprendre les rênes. Le cheval avance, d'abord au pas, en faisant claquer ses sabots dans une flaque de poussière. Quand je glisse les pieds en arrière, je sens mes talons effleurer la crosse de la carabine.

– À quoi tu penses ?

– Je n'aurais jamais imaginé qu'un esclave puisse tirer sur un autre esclave…

– Qui te dit qu'j'aurais tiré ? rigole Solomon. C'te pétoire n'a jamais été chargée. J'la garde là pour intimider les voyous dans ton genre !

Il me bouscule gentiment, sourit en faisant claquer son fouet sur les flancs du cheval, et on repart au petit trot à travers la campagne déserte. Le chemin suit la courbe d'une colline parsemée de buissons épineux. Auréolée de nuages immobiles, une muraille de montagnes se dresse à l'horizon.

J'attends que Solomon parle le premier, mais il n'a pas l'air décidé. Il sifflote, chantonne, ou bien s'agace quand le cheval ralentit. Il joue son rôle de conducteur de chariot à merveille, et je pourrais être un sac de pommes de terre qu'il ne manifesterait pas plus d'émotion en ma présence. Je n'existe pas.

La tête me tourne encore, la douleur rebondit dedans comme une balle. Un instant je ferme les yeux, et mes pensées se bousculent. Je réalise que je n'ai vu nulle part la valise dans le chariot. Où est-elle ? Docteur Blind me l'avait confiée. Docteur Blind y avait mis son précieux cahier, et son image à l'effigie de saint Antoine de Padoue. Le cahier qu'il nommait sa Tête, et le saint qui l'aidait à retrouver les objets perdus. Mais si la valise a été volée, il n'aura plus sa Tête ni saint Antoine, il n'aura plus aucun moyen de me retrouver...

Rouvrant les yeux, je me raisonne. Rien ne me dit que la valise a été volée. Et je sais que Docteur Blind ne m'abandonnera pas. Il n'a besoin ni de son cahier ni de saint Antoine pour me chercher. Alors si je veux qu'il retrouve ma trace, j'ai tout intérêt à aller où on veut que j'aille. En compagnie de Solomon. Ce n'est qu'une question d'heures, de jours, peut-être de semaines. Au pire, Docteur Blind m'aura retrouvé dans un mois. Et sinon, il sera toujours temps de s'enfuir.

– Solomon ?

– Ouais, p'tit gars ?

Je regarde son profil. Son nez et ses lèvres retroussées. Ses yeux espiègles, ses joues lisses comme celles d'un bébé, et ses cheveux poivre et sel. Solomon est un esclave, c'est en tout cas ainsi qu'il s'est présenté à moi. Un esclave avec un cheval, un chariot, une jambe de bois et un fusil déchargé.

– Ça vous ennuierait de me raconter comment je suis arrivé là ? je demande. On est loin de Wilmington ?

– Ho ho ! Deux questions à la fois, c'est une de trop pour le vieux Solomon ! Par quoi j'commence ? L'histoire ou la géographie ?

Pour la géographie, Solomon m'apprend que nous sommes à trois jours de Wilmington. Et pour l'histoire, il dit que c'est toujours la même. Celle d'un p'tit gars perdu qui traîne dans les rues. Un voleur, ou un fuyard. J'ai beau lui rétorquer que je ne suis ni l'un ni l'autre, d'un revers de main Solomon balaie mon objection. Tous les p'tits gars volent et fuient, un jour ou l'autre. Mon tour viendra. En attendant, les jambes et les bras se font rares, les cargaisons venues d'Afrique n'ont plus le droit de débarquer ici. Marchand d'esclaves, c'est devenu interdit. Mais esclave, c'est encore permis, excepté dans les colonies anglaises. Alors le marchand continue son commerce en douce. Il court les rues, bat la campagne et fend les flots. Et l'histoire finit toujours pareil. Au fond d'un vieux hangar, d'un fossé ou d'une ruelle sombre, le marchand repère le p'tit gars perdu. Il lui file un bon coup sur la tête, récidive autant de fois que nécessaire, et revend la marchandise au plus offrant. Vite fait bien fait.

– Qui m'a acheté ? je demande.

– Miss Bridges.

– Miss Bridges ? J'ai déjà entendu ce nom...

– Miss Bridges vient une fois par mois faire des emplettes en ville. C'coup-ci, elle revient à la maison avec des outils, des bidons, des melons, des draps, et un p'tit gars à la tête aussi solide qu'le soc d'une charrue !

– Et elle est où, cette miss Bridges ?

– Partie devant à cheval, avec sa p'tite sœur qui la suit partout.

Bientôt, les champs se colorent de vert, de jaune et de brun. Des fermes se profilent au loin. La terre rougit, l'air se charge de parfums inédits. Comme je ne suis pas complètement inculte en la matière, je mets un nom sur chaque culture. Maïs, coton, tabac, orge, blé... Solomon multiplie les courbettes moqueuses pour m'exprimer son admiration. En riant, il tâte mes muscles et s'émerveille que miss Bridges ait pu m'acheter pour seulement cinq cents dollars. Une bonne affaire, selon lui. Parce que je suis à peine plus musclé qu'un édredon, mais suffisamment têtu pour faire un excellent travailleur.

Puis, tirant la bride à lui, il stoppe le chariot derrière une haie de rosiers. Le domaine de miss Bridges commence ici. Une maison haute, quelques appentis modestes, un jardin fleuri, un vieux hangar. Du doigt, Solomon m'indique un bâtiment plus bas que les autres. Les écuries. Et dans l'ombre d'un mûrier, deux silhouettes. Une jeune dame et une jeune fille.

– Miss Bridges est là-bas. C'est celle qu'a une capeline sur la tête. Et la fille qui marche à côté, c'est Liz, sa p'tite sœur.

Liz.

Traversant la cour, bras ballants, une horde de dindons sur ses talons. Liz et son rire d'enfant. Sa peau noire, son pas nonchalant, son allure de garçon, sa salopette rapiécée, ses yeux de fille. La même Liz qu'à Wilmington.

Liz sans son paon.

Je descends du chariot.

Arrivée à ma hauteur, Liz se pince les lèvres. Elle me dévisage longuement, l'air gêné, passe une main délicate dans mes cheveux poisseux, compte les bosses, avant d'oser un timide sourire.

– Bienvenue parmi nous, me dit-elle.

chapitre 31

Un temps, j'ai cru que mon arrivée chez miss Bridges signifiait le début de ma troisième vie. J'avais tort. On ne peut entamer une nouvelle vie sans être mort, et ce ne sont pas quelques coups de gourdin reçus sur le crâne qui viendront à bout de mon entêtement. En réalité, mon séjour chez miss Bridges ne constitue qu'une parenthèse. C'est une vie qui n'est pas la mienne, et je n'ai jamais voulu qu'elle le soit. Je fais semblant. Je prends mon temps. J'appréhende l'espace. Avec l'aide de Solomon, je pose des jalons. L'Amérique est divisée en trois parties : les terres encore sauvages de toute la moitié ouest, les États libres du Nord, et les États esclavagistes du Sud. La Caroline du Nord est au sud, Edgar Allan Poe est au nord, le chemin qui mène à mon trésor est au nord, je n'ai donc rien à faire là. Mais si je ne m'enfuis pas tout de suite, c'est pour deux bonnes raisons.

La première tient en trois phrases : sur ce continent aussi vaste qu'un océan, Docteur Blind a plus de chances de me retrouver si je reste ici. C'est-à-dire là exactement où je suis censé être après avoir été vendu. Plus les jours passeront, plus cette hypothèse deviendra improbable, mais au fond de moi je sais aussi qu'à n'importe quel moment, je peux poursuivre mon chemin par mes propres moyens.

La deuxième raison tient en trois lettres : Liz.

Liz examine mes souliers presque neufs. Ses yeux remontent le long de mon pantalon à carreaux, parcourent ma chemise sans col, puis se posent avec insistance sur mon médaillon.

– Tu m'offriras ton bijou ?

– En quel honneur ?

Son rire d'enfant m'éclabousse. Je m'assieds sur la margelle du puits.

– Où est ton paon ? je demande.

– Vendu. Il criait la nuit, miss Bridges ne le supportait plus. Elle s'en est débarrassée à Wilmington, juste avant de t'acheter toi.

– Si je comprends bien, miss Bridges m'a acheté pour remplacer ton paon.

– En quelque sorte !

Liz marche autour du puits, avant d'obliquer vers la maison. De sa poche, elle sort un épi de maïs qu'elle égrène. Dix dindons la suivent en file indienne.

– Alors c'est toi qui vas t'occuper de moi ? je dis.

Liz fait demi-tour. Les dindons s'écartent.

– Ou le contraire, dit-elle. Avec de si beaux habits, je te soupçonne de savoir lire et écrire. J'aimerais que tu m'apprennes.

– Oh oh ! Voilà qui est dangereux. Une esclave instruite est moins docile, tu pourrais avoir envie de fuir.

– Où veux-tu que j'aille ? Avec qui ?

– Avec moi, par exemple.

Liz s'éloigne de nouveau, et dans son sillage les dindons se disputent les derniers grains de maïs.

– Hélas, dit-elle. Mon cœur est déjà pris. Tu devineras vite par qui...

Sous ses ordres, miss Bridges a onze esclaves. Elle les appelle ses gens.

Liz, que les autres surnomment sa petite sœur, est à la fois sa lingère, sa femme de chambre et de ménage, et sa confidente. Elle l'accompagne partout, et ne s'éloigne d'elle que pour s'occuper des dindons.

Solomon remplit les fonctions de cocher et d'homme à tout faire. Ou de bon à rien, dit-il lui-même. Il répare, il rafistole, partout où c'est nécessaire. Le reste du temps, il s'adonne à la culture des melons.

Shirley est la cuisinière. Wyatt, son mari, dirige tous les travaux aux champs, épaulé par cinq ouvriers. Les plus anciens sont les jumeaux Sulk et Pepper, vieux garçons au dos voûté et aux mains calleuses. Ensuite vient Jeremiah, colosse noir comme le charbon, capable de soulever un veau sous chaque bras.

Puis Tommy et Baby Smooth, mariés depuis trois printemps et déjà parents de deux enfants.

Astor, le palefrenier, travaille aux écuries. Il soigne et nourrit les trois chevaux, les deux vaches, les veaux, et donne un coup de main pendant les moissons et la récolte du coton.

Je suis le onzième.

Astor a mon âge. L'âge de Liz. Le cœur de Liz est déjà pris par Astor.

Ceux qui travaillent aux champs habitent trois masures à l'écart de la ferme. Avec sa jambe de bois, Solomon s'allonge toutes les nuits sous son chariot, jamais très loin de ses melons. Shirley et Liz se partagent une mansarde de la maison. Et moi je dors avec Astor, sur un lit de paille, dans le grenier des écuries.

Astor m'ignore. Il est jaloux de moi. Aux yeux de Liz comme à ceux de miss Bridges, je suis quelqu'un d'instruit, et cette supposée instruction m'épargne les travaux pénibles. On préfère me garder à la maison pour faire de moi un domestique. Les premiers jours, j'assiste donc Shirley pour la cuisine, et Liz pour le linge. Je porte l'eau, je fends le bois, je m'occupe des mauvaises herbes dans le jardin d'agrément. Jusqu'à ce que miss Bridges me convoque dans son salon.

– Liz me dit que tu sais écrire. C'est vrai ?

– Oui.

– Qui te l'a appris ?

– Docteur Blind.

– Je vois. L'homme qui t'a abandonné à Wilmington...

– Docteur Blind ne m'a pas abandonné. Il m'a perdu. Il me cherche et je l'attends.

Au-dessus d'un modeste bureau encombré de registres, j'aperçois une image accrochée au mur. Une peinture aux couleurs criardes. Un voyageur s'y promène en robe de bure, sur le dos d'un âne.

– Est-ce que c'est saint Antoine de Padoue ? je demande.

Miss Bridges paraît surprise.

– Je n'en sais rien, dit-elle.

Et après un temps de réflexion, elle ajoute :

– Tu es baptisé ?

– C'est-à-dire ?

– De mieux en mieux. Tu sais lire, tu connais saint Antoine de Padoue, mais tu ignores ce que c'est que le baptême... Alors sache que tous mes gens le sont. Ton tour viendra.

Fouillant dans un tiroir de sa commode, miss Bridges me tend un livre à la couverture noire, en cuir souple. Sur la première page, j'y découvre son nom et une date. « Ruby Bridges, 1822 » . Le titre, *La Vie de Jésus pour les enfants de moins de 12 ans*, n'arrive qu'en page suivante.

– Reviens me voir quand tu auras terminé de le lire, m'annonce miss Bridges. En attendant, tu travailleras aux champs.

chapitre 32

Levé avant l'aube, je participe à la récolte du coton avec Wyatt, Sulk, Pepper, Jeremiah, Tommy et Baby Smooth. Les cotonniers sont plus hauts que nous. Sur les tiges épineuses, la fleur se transforme en capsule, avant de délivrer une houppe de fibres plus douces que la laine. Toute la journée, on remplit nos sacs de bourres blanchâtres. Quand le sac est plein, on le vide au fond d'un grand panier d'osier. Quand le panier déborde, on foule le coton avec nos pieds, avant de remplir un autre panier. À midi, la pause ne dure qu'une poignée de minutes. On se nourrit de viande froide et des melons de Solomon. On travaille sans relâche jusqu'au soir. Si la lune est pleine, on continue une partie de la nuit. Tout doit être ramassé avant que les fibres ne durcissent.

Au loin, un nuage de poussière rouge flotte au-dessus de la route. C'est peut-être miss Bridges sur son cheval. Ou n'importe quel cavalier de passage.

Des chevaux ou des charrettes, il en circule régulièrement sur cette route, mais aucun ne s'arrête. Je commence à croire que Docteur Blind m'a oublié.

Le soleil nous accable. Nous sommes devenus des marionnettes, glanant machinalement le coton qui absorbe tout, nos rêves et nos pensées. Les cheveux col·lés au front par la sueur, je peine à suivre le rythme des autres. Wyatt me trouve toujours trop lent, mais ça m'est bien égal. Je stoppe. À l'intérieur d'une capsule, piégé dans les filaments de coton, je viens de trouver un insecte rond et jaune, rayé de noir. Je songe au *Scarabée d'or*. Au trésor qui m'attend quelque part. L'insecte se réfugie sur mes doigts, et en voulant l'écarter je l'écrase. Une odeur répugnante me chatouille aussitôt les narines. Je m'essuie la main sur une feuille, un peu dégoûté. Mon sac n'est qu'à moitié plein, mais je vais le vider, en traînant des pieds. Solomon m'attend près des paniers, sur le point de partir avec un premier chargement. Les autres esclaves sont loin, je ne sais pas si je peux avoir confiance en eux. Astor me les a mis à dos, ils me regardent comme un rival, un étrange étranger, me reprochant de ne pas avoir la peau aussi foncée que la leur. Ils disent que je suis un mulâtre, ni assez blanc ni assez noir. Nous évitons de nous parler. Mes seuls confidents sont Liz, devenue la nounou des enfants de Baby Smooth, et Solomon, qui fait la navette entre la ferme et les champs.

– Je me demande comment vous acceptez cette vie, je dis. Et pourquoi vous ne partez pas tous d'ici. On dirait que la liberté vous effraie.

Solomon s'assied à l'avant du chariot, et son sourire malicieux se crispe à l'instant où je pointe du doigt la carabine cachée sous son banc.

– Tu as un fusil, je dis. Pourquoi ne pas t'en servir ?

– Un fusil sans les cartouches. C'tait celui du père Bridges.

– Il doit bien rester des munitions quelque part...

– Et puis après ? Où tu crois qu'j'irais, avec ma jambe raide ?

D'un hochement de tête, Solomon m'indique un arbre majestueux, plus haut que tous les autres. Derrière les rangées de cotonniers, à la lisière du bois de pin, un ruisseau serpente jusqu'aux confins de la colline. Cette année, c'est sur le flanc de cette colline que Wyatt a décidé de semer le maïs. Le champ est déjà labouré, et au milieu on aperçoit un enclos. Enclavé dans cette parcelle envahie d'herbes sauvages, l'arbre se dresse comme une sentinelle sur la campagne alentour.

– T'es déjà allé là-haut ? me demande Solomon.

Je fais non de la tête.

– Là-haut c'est l'cimetière où sont enterrés les parents d'miss Bridges.

Solomon attrape le canon du fusil à ses pieds.

– Des fermes, par ici, y en a autant qu'de collines. Et les propriétaires n'sont pas tous aussi conciliants qu'miss Bridges. Son père, par exemple... L'père

Bridges était quelqu'un de dur. Un hargneux. J'l'ai vu nous menacer avec ce fusil. J'l'ai vu humilier l'un des nôtres. Un bonhomme de ton âge, qu'avait tenté d's'enfuir.

Se raclant la gorge, Solomon regarde en direction de la colline.

– Tu vois c't'arbre ? Le bonhomme a été pendu par les pieds à une de ses branches. J'mens pas. Une journée entière ! Le sang lui descendait au cerveau. On aurait dit un navet, blanc à la racine et violet sur la tête. Ensuite, l'père Bridges a décroché l'bonhomme de sa branche. Devait y avoir une fourmilière dans les parages, ça trottait d'partout. L'bonhomme était à quatre pattes, et l'père Bridges lui a d'mandé d'ramasser toutes les fourmis dans un seau. Et quand on n'a plus vu l'fond du seau, tu m'croiras ou pas, il lui a fait avaler toutes ces fourmis vivantes...

Devant ma mine écœurée, Solomon éclate d'un rire tonitruant.

– D'mande à Sulk et Pepper si j'mens ! Ils ont vu comme moi ! Après ça, l'bonhomme a plus jamais tenté d's'échapper. Il a plus ouvert la bouche, ni pour parler ni pour manger. Et quand sa carcasse a été plus maigre qu'une aiguille de pin, il est tombé. Raide. On l'a enterré, j'sais même plus où.

Solomon détourne encore la tête. Sur la colline, le petit cimetière ressemble à un îlot perdu dans un océan tumultueux. Des corbeaux vont et viennent en surface, comme des coutures noires entre terre et ciel.

– L'père Bridges est mort à son tour, reprend Solomon. Et lui repose sous une croix, au pied de c't'arbre que tu vois là-haut.

– Pourquoi tu me racontes tout ça ? je demande.

– Pourquoi ? Parce que la liberté, c'est pas comme tu crois, Antoine. Des esclaves qui s'révoltent, y en a eu des dizaines et des dizaines. Armés de houes, de bâtons, avec ou sans fusil. Certains ont même tué des Blancs.

Solomon me dévisage étrangement.

– C'est p't-être c'que tu souhaites ?

– Je veux tuer personne. Je veux juste partir d'ici.

– Tu peux partir, répond Solomon. Mais tu s'ras repris. Y a des patrouilles et des chiens qui sillonnent la campagne pour ça. Et des chasseurs de primes. Tu s'ras pourchassé. R'vendu, ou pendu.

Il y a pire que miss Bridges. Voilà en résumé ce qui retient ici Solomon et les autres. Voilà ce qu'ils pensent. Labourer, planter, cueillir. Couper du bois, nourrir les animaux, faire ce que miss Bridges demande. Vivre, mourir. Peu importe, un autre royaume nous est promis. C'est ce que j'apprends de la bouche de Liz : il existe un autre royaume que celui de la terre. C'est ce qui figure également dans le livre que m'a confié miss Bridges, où de nombreuses images illustrent la vie de Jésus. Dans ce royaume après la mort, les derniers seront les premiers. Les esclaves seront sauvés. Quand je lui explique que je ne comprends pas, Liz chante. L'histoire d'un esclave qui arrive au ciel et obtient une couronne dans ce royaume. « N'est-ce pas une bonne nouvelle ? Je vais laisser tomber ce monde. Enlever la croix de mon épaule et l'apporter à la maison à mon Jésus. N'est-ce pas une bonne nouvelle ? » Trois autres couplets complètent la chanson. Et en plus de sa couronne, l'esclave obtient une robe pour remplacer ses guenilles, une harpe et un chant pour réjouir son cœur. Mais moi je n'ai que faire d'une couronne, d'une robe, d'une harpe et d'un chant. Je réclame simplement ma liberté. Ma liberté dans le royaume de la vie. Liz me sourit. Liz et moi, nous ne nous comprenons pas.

chapitre 33

Les saisons se suivent et se ressemblent, je ne les vois même pas défiler. Depuis quand je suis ici, à attendre Docteur Blind ? Le soleil n'est pas encore levé, des rayons de lune s'infiltrent par le toit fissuré. Je pars aux champs avec ma besace, des galettes de maïs et un peu de viande. Je m'endurcis. Mes muscles se développent. Mes habits achetés à Antigua sont devenus crasseux, mes souliers seront bientôt trop petits.

Un dimanche, Astor me surprend en train de rigoler avec Liz derrière la grange. Je viens de lui mimer Solomon au milieu de son potager, clopinant entre les rangs de haricots, utilisant sa jambe de bois pour semer les graines de melon sans avoir à se pencher. Astor nous interrompt, il décoche un regard acerbe à Liz, qui s'éclipse aussitôt, et me bouscule violemment. Je trébuche et atterris dans l'abreuvoir à bestiaux. Dégoulinant des pieds à la tête, j'ai à peine le temps de me relever qu'Astor, ivre de rage, m'empoigne au collet et me plonge une nouvelle fois dans l'abreuvoir. L'eau m'entre par la bouche et le nez. Quand Astor relâche enfin son emprise, je refais surface et lui crache à la figure. Il me gifle. Je m'apprête à riposter, mais Solomon intervient en brandissant une fourche entre nous deux.

Astor recule. Il disparaît, et je reste seul avec Solomon.

– La dernière fois que je me suis battu, c'était avec un Indien cherokee, je dis. Il s'appelait Rupert. Il m'avait volé mon médaillon.

– Astor t'a volé ? s'inquiète Solomon.

– Non. Il ne m'a rien volé. C'est lui qui est persuadé que je vais lui voler Liz.

– Et est-c'que t'en as l'intention ?

Je hausse les épaules, tremblant dans mes habits mouillés.

– Les Cherokees sont des voleurs, ajoute Solomon.

– Qu'est-ce que tu en sais ?

– C'est c'qu'on dit.

– Bon. Et quoi d'autre ? Je ne suis ni Cherokee ni voleur.

– Tant mieux pour nous. Liz et Astor veulent se marier, ça s'rait dommage de gâcher une si belle fête. Le jour des noces de Tommy et Baby Smooth, tu m'croiras ou pas, miss Bridges a voulu danser avec moi.

– Et tu l'as fait ?

– Avec ma jambe raide ? Non. Mais quand même...

Ses yeux pétillent. La fourche sous un bras, il esquisse un pas de danse.

– Tu devrais peut-être la demander en mariage, je dis pour le taquiner.

Solomon s'esclaffe. Et puis brusquement il se raidit, comme frappé d'hébétude.

– Miss Bridges a d'jà été mariée, dit-il. Avec W. T. Smith, un jeune soldat plus pimpant qu'un sou neuf. Et tu m'croiras ou pas, W. T. Smith a été tué par un Cherokee.

Silencieux, Solomon s'attarde un moment auprès de moi. Ses yeux papillotent. Ses mains noueuses pianotent nerveusement sous ses bras croisés.

– Les Cherokees sont des tueurs et des voleurs, c'est c'qu'on dit. Paraîtrait même qu'ils ont des esclaves, comme les Blancs.

La nuit suivante, je sors des écuries en prenant soin de ne pas réveiller les chevaux, ni Astor. J'évite l'enclos des dindons. En longeant la grange, j'entends les ronflements de Solomon. La lune se faufile entre deux nuages, un oiseau de nuit pousse son cri rauque, une chauve-souris se carapate. J'ouvre discrètement la porte de la maison, le plancher craque un peu, j'avance sur la pointe des pieds. Dans la cuisine, je vole un couteau et quelques provisions. Du thé, du sucre, des biscuits, de la gelée de pommes sauvages. J'emporte mon butin jusqu'au champ de maïs, dans l'enclos qui fait office de cimetière pour les parents de miss Bridges. L'arbre est si haut que dans la nuit je ne distingue que les branches les plus basses. Les racines ont soulevé la terre tout autour, formant des buttes qui se prolongent au-delà de l'enclos. Il faudrait plusieurs paires de bras pour faire le tour du tronc. Je n'en ai jamais vu de si grand, et je veux croire qu'il s'agit d'un séquoia, l'arbre qui a volé son nom à un Indien cherokee. À l'écart sont plantées deux croix gravées : « John C. Bridges, 1791-1840 » . Et « Harriett Bridges, née Watts, 1800-1834 ». C'est là que j'enterre le couteau et mes provisions dans une boîte en fer-blanc.

Le lendemain, Shirley, la cuisinière, ne signale aucun vol. Mais de ses yeux fureteurs, elle nous dévisage tous un par un. On travaille sous la grange pour préparer les ballots de coton qui vont être expédiés à Wilmington. Pendant une courte pause, Liz me demande de venir l'aider pour mettre le linge à sécher. Elle et Astor échangent un regard complice, tous les deux mijotent quelque chose qui ne me plaît qu'à moitié. Je refuse d'abord de venir, sous prétexte que j'ai les mains sales, mais Liz insiste. Je la rejoins, et ensemble on étend les draps sur une ficelle entre deux noisetiers.

– Je sais que tu vas partir, dit Liz. Je le sais depuis le début.

Ses mains graciles frôlent les miennes, crevassées par le labeur.

– Mais je sais aussi que ce n'est pas le bon moment.

– De quoi tu te mêles ? je demande.

Liz s'approche encore. Un drap nous sépare. Quelques millimètres seulement, un morceau de tissu, et nos visages se toucheraient presque. Ses lèvres remuent près des miennes.

– Écoute. Fais-moi confiance. Il existe un réseau clandestin. Des esclaves affranchis et des Blancs qui peuvent t'aider à passer au nord. Astor va se renseigner, laisse-lui le temps.

– Astor ne m'aime pas.

– Il est juste jaloux. Parce que je t'aime bien. Mais si c'est pour te faire partir d'ici et t'éloigner de moi, il t'aidera.

Faisant volte-face, Liz se penche pour attraper un nouveau drap. Je regarde sa nuque. Ses cheveux longs tressés comme ceux d'une Indienne.

– Et c'est vrai ? je demande.

– Quoi ?

– Que tu m'aimes ?

Liz étouffe un petit rire, avant de me jeter le drap en boule dans la poitrine.

– Je t'aime bien, dit-elle. Tu le sais. Mais celui que j'aime tout court, c'est Astor.

Plusieurs nuits durant, je tarde à trouver le sommeil. Plus rien ne me retient ici. Je sais qu'il est temps de m'en aller, que Docteur Blind doit être loin maintenant. Je sais aussi que Liz et Astor cherchent à m'aider, sans que je sache ni quand ni comment. Je sais tout ça. Et je sais aussi que le cœur est un muscle comme les autres. Mais quand je ferme les yeux en pensant à Liz, j'ai le cœur pincé.

chapitre 34

Un soir d'été, miss Bridges me convoque sur la véranda devant la maison. Confortablement installée sous la tonnelle, dans un fauteuil à bascule qui me rappelle celui de Docteur Blind à Antigua, elle fume une cigarette.

– Alors ?

– Alors quoi ? je demande.

Miss Bridges a les joues roses. Elle porte un chandail écarlate sur sa poitrine chétive, et un papillon de nuit tournoie au-dessus d'elle, évitant la fumée âcre de sa cigarette.

– La dernière fois que nous avons discuté tous les deux, c'était il y a plusieurs mois. Un an passé, même. Tu t'en rappelles ?

– Je m'en rappelle.

– Tu disais que tu attendais quelqu'un. Un docteur quelque chose.

– Oui. Docteur Blind. Je ne l'attends plus.

– Donc tu penses rester vivre ici...

Je réfléchis bien à sa question. D'ailleurs, ce n'en est pas une, plutôt une affirmation. Il n'y a rien à répondre.

– Il faut que tu saches quelque chose, Antoine. C'est Liz qui a insisté pour que je t'achète.

– Depuis quand cède-t-on aux caprices d'une esclave ? je demande.

– Arrête là ton insolence, je te prie. Liz a eu pitié de toi. Tu allais te faire acheter par un certain Gobblehook, un propriétaire de la pire espèce.

– Et grâce à Liz, je me retrouve à soigner les dindons de la gentille miss Bridges.

Miss Bridges se redresse sur son siège. Elle écrase sa cigarette contre un pilier de la véranda, jette le mégot dans la poussière, et me toise de la tête aux pieds.

– Jusqu'à preuve du contraire, ce n'est pas toi qui soignes les dindons, c'est Liz. Mais peut-être que ce travail t'intéresse ? Plutôt que de trimer aux champs ?

– Ça m'est égal, je dis. Ça ou autre chose.

Le regard sévère, miss Bridges me congédie d'un signe de la main.

– Tu penseras à me rapporter le livre que je t'ai prêté, dit-elle alors que j'ai déjà le dos tourné.

Une semaine plus tard, je lui ramène son exemplaire tout écorné de *La Vie de Jésus pour les enfants de moins de 12 ans*. Miss Bridges me remercie, et m'annonce que je serai baptisé le prochain dimanche. Quelqu'un viendra spécialement pour l'occasion.

Je lui demande s'il s'agit de Jésus en personne, mais miss Bridges n'apprécie pas la plaisanterie. Elle ajoute que tous ses gens participeront à cette fête qui est une renaissance. Je note la précision de son vocabulaire. Ses esclaves sont « ses gens », et le baptême « une renaissance ». J'imagine déjà le grand Jeremiah dans un costume étriqué du père Bridges. Les visages ravinés de Sulk et Pepper sous deux chapeaux au tissu élimé. Tommy et Baby Smooth aux anges, leurs deux enfants pendus à leurs cous. Wyatt et Shirley dignes, bras dessus bras dessous. Solomon caracolant à cloche-pied en tête du cortège, sous une pluie de pépins de melons. Et Astor, élégant, une rose à la boutonnière, emboîtant le pas de la divine Liz en robe d'organdi. Et moi ? Moi, je m'imagine déjà ailleurs.

La nuit du samedi au dimanche, je réveille Astor.

– Je m'en vais, je dis.

– Maintenant ?

– Maintenant. Vous fêterez mon baptême sans moi.

Astor fouille dans sa poche. Il me tend un papier plié en quatre.

– Prends ça. C'est un plan de route jusqu'à une ferme à quelques kilomètres. Tu demanderas un gars qui s'appelle Wilkins. Il va te conduire chez les Cherokees.

– Chez les Cherokees ? Solomon m'a dit que les Cherokees avaient des esclaves.

– Certains disent ça. Et d'autres disent que ce sont des esclaves en fuite qui se réfugient chez eux, avant d'aller plus loin. Il y a un réseau clandestin. Tu rencontreras d'autres gars dans ton genre, qui cherchent à rejoindre le Nord.

– Merci, je dis. Tu salueras les autres de ma part. Surtout Liz.

Astor m'adresse une moue renfrognée. Puis une franche poignée de main.

– Bonne chance !

En passant par le poulailler, je récupère quelques œufs fraîchement pondus. Je les emballe dans une poignée de coton et fourre le tout au fond d'un sac de grains vide, avec ma ration de riz bouilli de la veille, et un melon de Solomon. Puis je prends la poudre d'escampette. Direction le séquoia, entre les tombes des parents Bridges. Mon cœur bat vite. Je creuse avec mes mains, m'arrache un ongle en déterrant la boîte en fer-blanc. Le couteau est toujours là, les provisions intactes. Avant de reboucher le trou, je retire mes souliers devenus trop petits. Les coutures ont craqué, le cuir s'est fendu. Je les recouvre de terre, et m'enfuis pieds nus par-delà la colline.

chapitre 35

En plus du point de départ et du point d'arrivée, le plan que m'a confié Astor comporte trois indications. Une rivière que j'accompagne jusqu'à un pont, une route sinueuse que je traverse en filant vers le nord, et un champ de tabac qui marque le début de la propriété voisine. Les bâtiments sont proches. J'entends des aboiements dans le lointain. À l'autre bout du champ, plusieurs esclaves subissent les caprices d'un contremaître blanc qui fait claquer son fouet en l'air. Seuls quelques-uns se détachent du groupe, occupés à sarcler entre les rangs. L'un d'eux me fait signe d'approcher. Il a mon âge et s'appelle Garfield. Il me conseille de me baisser. J'obéis. Garfield s'agenouille à son tour en posant son sarcloir. Il a les paumes des mains couvertes de cloques.

– Tu viens de chez miss Bridges ?

– Je viens de la part d'Astor. Il m'a dit de m'adresser à Wilkins.

– Oui. Je sais qui tu es. Miss Bridges a signalé ta disparition dans tout le voisinage. Tu entends les chiens au loin ? Ce sont ceux de Gobblehook.

– Où est-ce que je peux trouver Wilkins ?

Garfield laisse échapper un petit rire nerveux.

– Wilkins ? Ça dépend. Tu veux parler à son cul ou à sa tête ? Parce que cette nuit, le gars Wilkins traînait dehors. Et les chiens de Gobblehook lui ont bouffé le cul. Je crois qu'ils l'ont pris pour toi...

– Pour moi ?

– Ben oui. Ils te cherchent. Tout le monde te cherche. Tu imaginais quoi ?

– Et Wilkins, alors ?

Garfield se relève en soupirant. Il jette un œil à l'autre bout du champ, tout en se remettant à sarcler.

– Écoute. Wilkins ne viendra pas aujourd'hui, ni demain. Il est salement amoché. Alors si j'étais toi, je filerais d'ici en vitesse. Les chiens ne vont pas tarder à rappliquer.

Recroquevillé sous un jeune plant de tabac, je consulte le plan d'Astor. Je cherche une issue, mais au-delà du rendez-vous avec Wilkins, il n'y a plus aucune indication. Au-delà de ce champ de tabac, c'est un territoire sans aucun repère. Le grand vide.

– Maintenant, ajoute Garfield à mi-voix, redresse-toi discrètement, en te tournant vers moi. Qu'est-ce que tu vois au loin ?

– Le soleil qui se couche, je dis.

– Et sous le soleil.

– Des montagnes.

– Les montagnes des Appalaches, précise Garfield. C'est là que tu dois aller.

Une détonation retentit. Ceux qui sont à mes trousses ont des fusils. Ils ont des chiens dressés pour tuer.

– File ! répète Garfield.

Je cours à toutes jambes, j'entends les aboiements qui se rapprochent. La peur est pareille à une voile qui enfle, elle me fait me ruer droit devant durant des heures et des heures, sans penser à rien d'autre qu'à mes jambes.

Ma peur gagne du terrain, mais je résiste. J'ai mon couteau avec moi, et mieux encore, j'ai le vent qui me pousse et qui disperse mon odeur pour tromper les chiens. Mon cœur s'emballe, pour me rassurer je me répète que Gobblehook n'est qu'un nom. Un mot. Une menace. Ses hommes crient après moi, ses chiens aboient encore, mais tout ça n'est que du bruit, un flot de bruit, des vagues de bruit que je repousse obstinément en zigzaguant entre les obstacles.

Je cours toute la nuit. Une nuit qui dure un siècle. Maintenant les hommes et les chiens sont loin derrière, je ne les entends même plus, mais je ne cesse pas de courir. Coupant à travers bois, je m'écorche aux ronces, je me cogne, je trébuche plusieurs fois. Au fond de mon sac, je sens le melon s'écraser et les œufs se casser. Tout se mélange avec le riz et les biscuits, pour former une bouillie épaisse. Je me relève, je repars, je rebondis. Je suis une balle de fusil qui ricoche d'arbre en arbre, sans jamais perdre de vitesse.

Au petit matin, mes pieds saignent. Je m'écroule tout tremblant contre un talus, pour reprendre mon souffle. Les larmes me montent aux yeux. J'aimerais m'en débarrasser, mais je me rends compte que je ne sais pas pleurer. Docteur Blind ne m'a pas appris. Personne ne m'a appris à pleurer. Alors ivre de fatigue, je rassemble des branches mortes et un amas de chèvrefeuille sur mon corps, avant de sombrer dans le sommeil. Un sommeil agité. Peuplé d'hommes et de chiens, de fusils et de crocs. Un sommeil comme une petite mort.

chapitre 36

À mon réveil, je sens comme une grosse limace entre mes orteils. Quelque chose à la fois de râpeux et de gluant. C'est la langue d'un chien sur les croûtes de sang de mes pieds meurtris. Un chien pouilleux, tellement maigre qu'on lui voit les côtes à travers la peau. Quand je remue, sa vieille carcasse s'écarte brusquement. De ses yeux effarouchés, il me fixe avec insistance, s'étonnant que je sois vivant. Il finit par repartir tout honteux, persuadé d'avoir commis une bêtise, et l'idée que la peur soit de son côté me fait sourire. Je le rappelle. Je tends la main vers lui, le convie à partager mon repas. Au fond de mon sac tout poisseux, dégoulinant de jus de melon et de blanc d'œuf, je récupère le couteau, et l'essuie avant de le glisser dans une poche de mon pantalon. Puis je mets de côté deux ou trois morceaux de melon épargnés, avale une poignée de purée de riz et de biscuits, et présente au chien tout le reste.

J'attends que le soleil se couche pour repartir. Avec le sac déchiré en lambeaux, j'improvise des pansements pour mes pieds. Et dès que le ciel rosit, je prends la direction des montagnes. La nuit devient rapidement aussi noire que du goudron. Pour m'orienter, je caresse les arbres. La mousse pousse côté nord. C'est là que je dois aller.

Le chien me suit. Nous nous nourrissons de fruits sauvages. De mûres. De noisettes. De glands. De feuilles, d'herbes sauvages. De l'écorce intérieure des pins. D'œufs ramassés dans les nids des oiseaux. Nous buvons l'eau des ruisseaux.

Le jour, nous nous réfugions dans un bosquet, à l'entrée d'un terrier, au fond d'un fossé, au milieu d'une clairière ou dans une meule de foin abandonnée à l'écart d'une ferme. Je ne dors que d'un œil. Je rafistole mes pansements. Je rêvasse. J'imagine Docteur Blind à l'autre bout de l'Amérique. Dans une ville plus grande que la grande île d'Antigua, avec des bâtiments plus hauts que le séquoia. Je l'imagine sur les traces d'Edgar Allan Poe, patientant sur un trottoir, assis sur sa valise, criant après moi. Antoine !

Le chien n'a pas de nom, je décide de lui donner le mien. Tous les deux, nous nous appelons Antoine.

La nuit, Antoine et moi nous marchons. Dix nuits durant, peut-être douze, quinze, ou trente. Je ne compte plus. Évitant les routes et les habitations, nous longeons des champs de coton, de tabac, d'indigo, et quantité d'autres cultures. Nous allons de bois en bois, de futaie en futaie. J'apprends à vivre avec les arbres, je me surprends à leur parler comme je parle au chien. Je raconte toujours la même histoire, le même rêve, celui de l'homme qui s'appelle Mbo et qui vient du pays des arbres géants et des rivières d'argent. Là-bas, à Antigua, j'ai entendu d'anciens esclaves prétendre que les esprits habitent les arbres, les sources et les rivières. Même la pluie, la tempête et les animaux sont hantés. Plus je m'enfonce dans les forêts, et plus je suis entouré d'esprits. Quand je me décourage, ils sont là pour m'insuffler un peu de leur énergie. Ils disent que les montagnes sont toutes proches. Que je dois poursuivre coûte que coûte, ne renoncer à rien. Ils disent que le chien me guide. Car avec le temps, les choses se sont inversées l'air de rien : ce n'est plus le chien qui me suit, c'est moi qui suis le chien.

chapitre 37

J'atteins les premières pentes des montagnes avec la fièvre, des crampes d'estomac et de brefs éblouissements. Aussi décharné que le chien. Je grelotte, je ne tiens presque plus debout. Je titube, je me surprends progressant à quatre pattes. La faim nous rend fou.

Antoine et moi, nous finissons par manger de la terre.

Et puis un jour, je me réveille allongé au fond d'une grotte. Un feu crépite à mes pieds, la fumée s'élève en tourbillonnant par une cheminée naturelle au plafond. Le chien a disparu, je suis nu, enveloppé dans une épaisse couverture. Mes vêtements font office d'oreiller. Accroupi à mes côtés, un homme à la peau rouge pose une main noueuse sur mon front, avant de m'écarter les lèvres pour y verser un liquide tiède et verdâtre. Je recrache tout, renverse le bol et bondit vers le soleil en emportant mes vêtements. L'homme me regarde faire en esquissant un sourire. Dans une poche de mon pantalon, je retrouve le couteau et le brandis dans sa direction. L'homme se lève. Il m'approche. Sans hâte, à pas de velours, aussi léger qu'un fantôme. Je pense à Mbo, celui qui vient du pays des arbres géants et des rivières d'argent. Aux pieds, l'homme porte une paire de mocassins poussiéreux. Plus haut, un pagne avec des jambières de cuir. Un poncho de laine recouvre son dos, et un turban coiffe son crâne chauve. Ses yeux sont de la couleur des nuages, d'un bleu d'acier. Avec la rapidité de l'éclair il empoigne mon bras, le tord, et me contraint à relâcher le couteau. Puis il retourne s'asseoir tranquillement près du feu, pour remuer les braises avec un bâton.

– J'ai un reste de viande. Viens manger.

– Excusez-moi, je dis. Je vous ai pris pour un fantôme.

– Et qui te dit que je ne suis pas un fantôme ?

Devant ma mine ébahie, l'homme éclate d'un rire franc. Je me rhabille en vitesse et m'assieds face à lui, de l'autre côté du feu. Il me tend une gamelle et se présente.

– J'ai deux noms, un pour les Indiens et un pour les hommes blancs : Timpoochee et Jim. Tu choisiras celui que tu veux.

– Je m'appelle Antoine, je dis. Vous êtes un Indien cherokee ?

Timpoochee pivote sur lui-même pour attraper sa besace. Il en sort une poignée de tabac et se roule une cigarette, avec les mêmes gestes délicats que miss Bridges.

– Je ne suis pas un Cherokee, mais un fils du soleil. Un Indien yuchi, si tu préfères. Les Cherokees et les Yuchis se sont longtemps fait la guerre. Mais peu importe. Aujourd'hui, c'est du passé.

Une fumée âcre s'échappe de sa cigarette et vient me chatouiller les narines. J'avale un premier morceau de viande. Légèrement fibreuse, elle trempe dans une sauce brune au goût épicé.

– Où est le chien qui m'accompagnait ? je demande.

Timpoochee devine mes pensées.

– Mange sans crainte, dit-il. C'est de la viande de cerf. J'étais en train de la cuire lorsque j'ai entendu un chien hurler à la mort. Je suis allé voir et je t'ai trouvé évanoui sur les rochers, en plein soleil. Mais ton chien avait disparu.

Sa cigarette à peine terminée, Timpoochee installe deux pierres plates entre ses jambes. Il se met à broyer du maïs. Il obtient une poudre très fine, qu'il range précieusement à l'intérieur d'un linge. Pendant tout ce temps, je vide deux gamelles de viande et m'abreuve à sa gourde. Puis je retourne sous la couverture, le corps ragaillardi mais l'esprit encore un peu embrumé. Timpoochee me rejoint et s'allonge à son tour.

– Maintenant que tu as le ventre plein, dit-il, j'ai besoin d'entendre ton histoire.

Timpoochee m'écoute raconter sans broncher. Plus amorphe qu'un sac de farine. Plus silencieux qu'une outre vide. Il écoute ma naissance, il écoute Antigua. Il écoute Docteur Blind, Rupert, Wilmington, Liz, Solomon, miss Bridges, Astor, Garfield et le chien. Il écoute ma fuite vers l'ouest, et quand j'arrive à lui il commence enfin à remuer les lèvres. Il dit que j'ai de la chance. Juste ça.

– Tu as beaucoup de chance.

Et dans la minute, il s'endort.

Pendant que Timpoochee somnole, je fouille discrètement dans ses affaires. Je découvre des provisions, plusieurs sachets d'herbes et de poudres mystérieuses, des tissus et des couvertures, des vêtements d'homme blanc, un collier de dents, un arc, deux longs couteaux, et une corde de chanvre. Dehors, une mule se repose à l'abri d'un érable. En m'éloignant de la grotte, je contourne une terrasse rocheuse qui surplombe les collines environnantes, et m'assieds pour contempler les Appalaches. Des longs couloirs de verdure s'y chevauchent, jusqu'aux sommets arides. Ici et là, sur ces remparts qui scintillent au soleil, des failles courent et s'entrelacent, s'élargissent en déchirant la roche. Le vent s'y engouffre avec un bruit d'océan.

Timpoochee me rejoint, se curant les dents avec une brindille de sassafras.

– Nous partons demain, dit-il.

– Où ça ?

– Au nord. C'est là que tu veux aller, non ?

– Oui. Mais...

– La route est longue. Nous franchirons ces murailles de pierre, suivrons Kanawha, puis rejoindrons Ohio.

– Qui sont Kanawha et Ohio ? je demande.

– Mes sœurs. Des filles de la pluie. Des rivières, si tu préfères.

Plus tard, quand je lui demande pourquoi il veut m'accompagner au nord, pourquoi il se décide à faire tout ce chemin pour moi, Timpoochee répond que c'est parce qu'il a aimé mon histoire. Il veut m'aider, faire en sorte que nos histoires se croisent. Puis il sort une aiguille et du crin de sa besace, pour coudre un vieux morceau de cuir tout racorni. Il en fait un fourreau, qu'il m'offre pour accrocher à la taille, ranger mon couteau et ne pas me blesser. Il dit que par les temps qui courent, j'ai raison de me méfier des autres. Surtout des hommes blancs. Mais que je dois d'abord apprendre à me protéger de moi. Sa main prend la mienne. Ses yeux plongent dans les miens, et Timpoochee m'appelle son petit frère.

chapitre 38

Le lendemain, nous partons de bonne heure. Timpoochee marche devant, je règle mon pas sur le sien, suivi de près par la mule qui porte nos affaires. Nous marchons ainsi plusieurs jours sans rencontrer quiconque, avec pour objectif de franchir les Appalaches et de rejoindre la rivière Kanawha. Quand je lui demande si nous sommes encore en Caroline du Nord, Timpoochee me répond qu'il n'en sait trop rien, mais que pour lui les seules délimitations valables sont celles des forêts, des montagnes et des rivières.

Sur la poussière du chemin, Timpoochee dessine son Amérique. Il trace un ovale, situe le nord et le sud, l'est et l'ouest.

– Les mots ne sont pas toujours d'accord entre eux, dit-il. Ce monde que tu nommes l'Amérique, moi je l'appelle l'île de la Tortue. Les hommes blancs disent qu'ils sont des conquérants, mais moi je les appelle des envahisseurs.

Tout à l'est de la tortue, Timpoochee dispose une rangée de striures du nord au sud. Ce sont les montagnes des Appalaches. Un peu plus à l'ouest, la rivière du Mississippi marque une deuxième frontière naturelle. Les hommes blancs sont venus par l'est, explique Timpoochee. Au siècle dernier ils ont mangé les Appalaches, et depuis peu ils grignotent le Mississippi. Ils ont faim, ils avalent tout. Ils ont soif d'or et de conquête. Aujourd'hui ils progressent chaque jour vers le Grand Ouest. Ils grappillent des terres, ils veulent toujours plus.

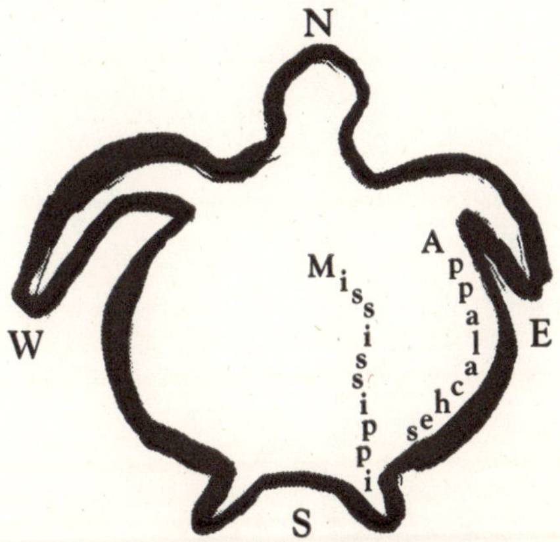

– Où sont les tiens ? je demande. Qu'est devenu ton peuple ?

– Mon peuple a déjà été avalé. Certains se sont ralliés aux Shawnees, d'autres aux Cherokees. Ou comme moi, ils sont devenus des fantômes errants. La plupart sont morts. Les hommes blancs nous ont tués avec la variole, avec leurs fusils et avec leur argent.

Ils ont récupéré les terres auxquelles nous appartenons depuis la nuit des temps.

– Tous les hommes blancs ne sont pas comme ça, je dis.

– Non, soupire mon ami. Mais les autres sont trop silencieux.

Timpoochee raconte. Dans son village, un garçon avait un couteau comme le mien. Un couteau comme le vent, pour tailler le bois et les nuages. Avec son couteau, le garçon avait fabriqué des échasses. Dans les forêts, il repérait le gibier de loin. Dans les marais, il indiquait les plus gros poissons. Et puis un jour, le garçon a levé les yeux, et au milieu du ciel il a vu un nuage avec une tête. Avec un abdomen et une tête. Un nuage en forme d'insecte. Le vent s'est mis à souffler, à sculpter ce nuage. Et ce nuage en forme d'insecte avait huit pattes crochues. Il avançait droit vers le garçon, droit vers son peuple, il courait pour tout engloutir.

Sur son dessin, Timpoochee rajoute une araignée. Puis une toile qui s'étend vers l'ouest.

– Les hommes blancs ont encore faim, dit-il.

– L'araignée mange la tortue ?

– Exactement. Dans les années à venir, nos frères indiens qui sont tout à l'ouest vont devoir se défendre à leur tour. Et je vais me battre avec eux.

De bivouac en bivouac, nous laissons derrière nous des cendres éparpillées, quelques os rongés, un peu de nos ombres et la trace de nos pas. Partout où nous allons, nous emportons nos histoires. Timpoochee dit que chaque histoire est un être vivant, et que nos rêves forment un peuple. Le jour où ce peuple aura disparu, l'univers sera déréglé. Les étoiles s'éteindront les unes après les autres, le soleil se consumera, et tous les bruits du monde se réuniront en un seul endroit. Ils seront tous là. Le bruit de la pluie qui flagelle les arbres, celui de la roche qui craquelle, du torrent qui gronde, celui de la renarde qui piaille après ses petits, du geai poursuivi par la peur, celui du vent faisant plier le lys des étangs, le premier et le dernier souffle des hommes… Au fond d'un unique creuset, tous les bruits se réuniront pour ne plus en constituer qu'un seul.

Bang !

Le bruit que font les rêves quand ils meurent.

chapitre 39

De l'autre côté des montagnes, la terre se colore d'une teinte rouge sang. Le vert des arbres et le gris des nuages semblent plus variés, les vents moins capricieux. Du cœur des forêts d'épicéas jusqu'aux eaux dormantes des marécages, ces territoires n'ont plus aucun secret pour Timpoochee. Il connaît tous les chemins. Tous les raccourcis pour éviter les habitations, le plus souvent des cabanes de rondins ou des masures aux façades fissurées. Alors il m'entraîne dans son pays, et m'en révèle les secrets à la moindre occasion. Il m'apprend à chasser le petit gibier, à pêcher la truite. À surprendre les grenouilles avant que la nuit ne happe leurs chansons. À faire ma cuisine sur des pierres chaudes. À choisir le bois qui brûle sans produire trop de fumée. Et puis surtout, il m'initie à son occupation favorite : approcher les oiseaux sauvages au clair de lune.

Timpoochee prétend que les Indiens auraient tout intérêt à s'inspirer de certains de ces oiseaux, s'ils ne veulent pas finir exterminés par les hommes blancs. Je lui rétorque qu'avec un fusil, les hommes blancs n'ont aucun mal à tuer n'importe quel oiseau sauvage.

– D'accord, me répond Timpoochee. Mais c'est pour ça que nuit et jour, il faut être à l'affût. Tu vois cet oiseau, là-bas ? Celui avec la tête noire. Au coin des yeux, il porte des plumes dorées qui font penser à des oreilles de lièvre. C'est un grèbe. Le grèbe est plus rusé que le renard. Le moindre bruit le fait détaler.

– Ça ne l'empêchera pas de se faire tirer dessus, je dis.

Timpoochee grommelle.

– Nous aussi nous aurons des fusils.

– Mais vous serez moins nombreux.

– Justement. Nos fusils ne suffiront pas. Nous avons besoin d'être rusés. Plus intelligents que les hommes blancs. Je crois que notre erreur, depuis le début, c'est de nous attacher à un lieu. Regarde encore le grèbe. Il est maladroit sur terre et malheureux dans les airs, il raffole des marais où il trouve son repas, mais il sait que le marais n'appartient à personne. C'est pour ça qu'il va et vient. Il déménage avec les saisons. Il construit des nids flottants hors de portée des prédateurs.

– Jamais hors de portée des fusils.

– N'empêche, insiste Timpoochee. Il faut apprendre à s'esquiver. À se volatiliser. Pfuit ! Ne jamais être là où on nous attend.

– Certains Indiens font déjà ça, non ?

Timpoochee accueille ma remarque avec un sourire. Il m'accorde que j'ai raison. Oui, la plupart des Indiens ont appris à vivre de façon nomade. Puis fouillant sous son pagne, il déniche un sac à peine plus grand que mon médaillon.

– Mais on ne peut pas se contenter de se défendre de l'extérieur, dit-il. Le grèbe se protège également de l'intérieur. En avalant ses propres plumes, pour ne pas être victime des arêtes de poisson. C'est son exemple ingénieux qu'il faut suivre. Résister à l'esprit des hommes blancs, à leur pensée qui s'introduit au plus profond de nos entrailles.

– Et comment ?

– Toujours pareil. Le grèbe avale ses plumes. Nous n'avons pas nos propres plumes, mais nous avons nos rêves.

Au fond de son petit sac (en peau de loup), Timpoochee cache un trésor. Un os magique. Un os en forme de fourche qui lui porte bonheur. Il dit qu'avec cet os, ses rêves ne s'éloignent jamais de lui. C'est comme une membrane imaginaire, une carapace intérieure. Ses rêves le secourent chaque fois qu'il le faut.

Pour Timpoochee, je raconte le rêve de l'homme qui s'appelle Mbo et qui vient du pays des arbres géants et des rivières d'argent. Parfois deux rêves se confondent, deux hommes n'en font qu'un seul. Dans mon esprit, c'est le cas de Mbo et de Timpoochee.

Nous sommes assis sur une roche, les pieds dans la rivière Kanawha. L'eau est transparente, les rayons du soleil scintillent sur un lit d'algues drues. Timpoochee fume une cigarette et m'écoute en silence. Je parle un peu du kraken, de ma vie d'avant, et j'ouvre mon médaillon pour lui. Je lui demande ce qu'il pense du cryptogramme. Timpoochee ne répond pas tout de suite. Il jette sa cigarette dans la rivière, et la regarde filer avec le courant.

– Si nous parvenons à rejoindre la rivière Ohio, tu seras libre.

– C'est encore loin ? je demande.

– Non. Nos chemins vont bientôt se séparer. Que feras-tu au nord ?

– Je dois aller à la rencontre d'un écrivain qui s'appelle Edgar Allan Poe. C'est pour le voir que nous sommes venus en Amérique avec Docteur Blind. Il est capable de déchiffrer les cryptogrammes.

– Mmm.

– Tu n'as pas l'air très convaincu.

Timpoochee hausse les épaules. Il se laisse couler dans l'eau tout habillé, et nage vers la rive opposée. Puis il m'invite à le rejoindre. Nous nageons côte à côte.

– Que feras-tu, une fois trouvé ton trésor ?

Je ferme les yeux. Le soleil s'infiltre à travers mes paupières, je ne vois que du rouge. Le rouge de la peau de Timpoochee, et le rouge du sang qui coule par nos veines. L'éclat du grenat ou de n'importe quelle pierre précieuse au milieu d'un tas de pièces d'or.

– Une fois trouvé mon trésor ? Je nagerai dedans. J'y construirai un nid flottant.

chapitre 40

À un endroit où bifurque la rivière, Timpoochee se déshabille entièrement, fait un brin de toilette, et délaisse ses habits d'Indien pour leur préférer une tenue de rechange. Un costume à l'européenne, pantalon à bretelles, chemise en coton et gilet sans manches, qu'il conservait précieusement entre ses couvertures. Il garde ses vieux mocassins, mais troque son turban contre un chapeau de feutre.

– Maintenant, je ne suis plus Timpoochee. Ni Mbo. Je suis Jim. D'accord ?

– D'accord, Jim.

– Je suis Jim Johnson, et toi il te faut un prénom bien répandu pour passer inaperçu. Disons Edmund. Tu n'es plus Antoine, mais Edmund Johnson. Tu es mon petit frère et je te conduis chez ta tante, Emily Hill Johnson.

Jim abandonne ses affaires et sa mule au milieu d'une clairière. Il prend quelques repères avant de sortir du bois. J'ai renoncé aux lambeaux de tissus qui me servaient de pansements et de chaussures, et je vais nus pieds. Jim me devance sur la route, engoncé dans ses somptueux habits. De dos, il a des airs de Docteur Blind. Même corpulence, même démarche à la fois souple, sévère, et digne.

Nous franchissons la rivière Ohio. Nord ou sud, d'une rive à l'autre c'est le même horizon, les mêmes profils et les mêmes yeux qui nous épient, interrogateurs. Un village plus loin, Jim frappe à la porte d'une maison basse, isolée entre plusieurs collines où paissent une douzaine de moutons. Il me confie à une femme blanche, tablier de cuir par-dessus une robe du même vert émeraude que la pupille de ses yeux, tignasse blonde, visage ombrageux et moue renfrognée. Elle a l'âge d'être ma mère.

– Ne pose pas de questions, me souffle Jim. Jamais.

Une fugace étreinte, et il se détache de moi.

– Bonne chance, petit frère.

Il accompagne la femme jusque sous un tilleul dénudé par l'hiver. Tous deux échangent quelques regards et une poignée de phrases, puis Jim s'en va.

La femme referme prestement la porte derrière moi. Du menton, elle m'indique un tabouret avant de reprendre ses travaux de couture. Je m'assieds près de l'unique fenêtre. Le jour décline. J'aperçois Jim qui s'éloigne vers le soleil déjà bas. Sa silhouette, bientôt aussi discrète qu'une plume, disparaît dans l'ombre d'un bosquet.

Je tousse. Assise devant une malle débordante de vieux tissus, la femme ne réagit pas. Le plafond est bas, le sol en terre battue, et une flaque de lumière orangée tremble juste à l'emplacement de mes pieds cramoisis. Au fond de la pièce, un fourneau, une table et une armoire se partagent le mur blanchi à la chaux. Et à ma droite, une autre porte, entrouverte, laisse deviner le parquet d'une modeste chambre.

– Je m'appelle Edmund Johnson, je dis.

Mais la femme me fait signe de me taire. Se mouillant régulièrement le pouce et l'index de salive, elle travaille sans un mot, sans un cillement. L'aiguille va et vient dans le tissu, les minutes passent, et la femme conserve son calme minéral. Je cherche à déchiffrer ses doigts potelés, ses mains parcheminées comme une énigme muette. Jusqu'à ce qu'elle finisse son ouvrage. Le tissu épais, d'un bleu intense, prend la forme d'un pantalon qu'elle s'empresse d'ajuster à ma taille. Elle rajoute un bouton, esquisse un sourire, et toujours sans dire un mot, remplit un baquet d'eau fumante. Je m'apprête à lui demander si ce bain est à mon intention, mais me ravise aussitôt en me rappelant les paroles de Jim. Je ne dois pas poser de questions. Jamais. Alors profitant que la femme me tourne le dos, je retire mes guenilles, met de côté mon médaillon et mon couteau sur le tabouret, et m'installe au fond du baquet.

C'est la première fois que je me baigne dans une eau aussi chaude. Ma peau ramollit très vite, enveloppée de fumerolles. Une douce béatitude s'empare de tout mon être lorsque la femme commence à me frotter le dos. Je frissonne, je tressaute, et le baquet déborde.

– Tenez-vous tranquille, lâche la femme d'une voix rude.

Un rire nerveux me secoue encore quelques secondes, puis je ferme les yeux et mon corps s'abandonne aux massages énergiques de l'hôtesse.

En ressortant, ma peau n'a pas blanchi mais je me sens plus léger. Un autre garçon. Peut-être un homme. J'essaie mon nouveau pantalon qui me va à merveille. Je récupère mon médaillon sur le tabouret. Le couteau n'y est plus.

– Je vous le rendrai demain, dit la femme en devinant mon trouble. Simple précaution.

Et devançant mes protestations, elle fouille son armoire, y choisit une chemisette à ma taille et fronce les sourcils pendant que je l'enfile. Après quoi elle ajuste à mes pieds une paire de bottines trop grandes en y fourrant deux poignées de coton. Puis elle recule d'un pas. Mon allure a l'air de lui convenir. La voilà qui se radoucit et rapproche le tabouret de la fenêtre près de la table. Je m'y installe, encore tout alangui. La femme craque une allumette, allume une bougie et m'apporte à manger. Un petit pain à la croûte moelleuse, et une savoureuse côtelette d'agneau sur un lit de haricots bouillis. Restée debout devant le fourneau, les bras croisés, la femme me regarde lécher mon assiette pour savourer les dernières miettes. Je dois lui sembler bien rustre. Un sauvage de plus, déguisé en petit homme blanc par ses soins. Pour lui faire bonne impression, je m'incline respectueusement, remercie pour cet excellent repas, et me présente de nouveau.

– Je m'appelle Edmund Johnson.

– Peu importent votre nom et le mien, dit-elle sans décroiser les bras. J'ai juste besoin de savoir si vous connaissez quelqu'un dans le Nord.

– Je connais Docteur Blind.

– Vous avez une adresse ?

– Aucune adresse. Mais une piste. À Philadelphie ou à New York, il y a un écrivain qui me renseignera sûrement. Il s'appelle Edgar Allan Poe.

Haussant les sourcils, la femme réfléchit un moment avant de poursuivre.

– Je ne peux pas vous conduire jusqu'à New York. Seulement chez une amie, pas très loin de la Pennsylvanie. Vous vous débrouillerez avec elle.

Inutile d'espérer davantage de précisions. Elle débarrasse mon assiette, déroule un tapis près de la table, et souffle la bougie avant de s'éclipser dans sa chambre.

Je m'agenouille sur le tapis, hébété de fatigue. La pénombre et le froid ont envahi la pièce. Dehors, j'entends un petit animal grattouiller à la porte.

Et sur le mur face à moi, éclairé par un rayon de lune, je découvre des colonnes de chiffres rayés pour la plupart. C'est un calendrier. Nous sommes en novembre 1846.

chapitre 41

Au début de l'année 1847, je loge chez les Brow, un couple d'immigrés gallois. Ils occupent un appartement dans une ruelle sale et bruyante, en plein cœur d'une ville industrielle, Wheeling, coincée entre l'Ohio, la Virginie-Occidentale et la Pennsylvanie. L'air y est continuellement épais et moite. Sur les quais, des péniches ravitaillent en charbon les fonderies alentour. Les cheminées d'usines crachent leur fumée. Des convois de travailleurs s'y relaient, visages hagards et crasseux, pour faire fondre l'acier, principalement destiné à la construction des chemins de fer. Timpoochee m'avait parlé d'une toile d'araignée que les hommes blancs cherchent à étendre sur tout le continent. Avec les rails, ce sera bientôt chose faite. On évoque déjà un projet pour rallier l'océan Pacifique en une semaine.

En échange de leur hospitalité, les Brow ne me demandent rien d'autre qu'un peu d'aide pour les basses besognes. Ils savent que je vais bientôt repartir. Je me contente donc de les accompagner à l'usine. La femme travaille dans une filature de coton, le mari est ouvrier fondeur chez Kirby & John's. Pour étoffer leur paye, je les assiste quelques heures par jour. J'aide à charger et décharger le coton, ou bien la fonte. Surtout la fonte. De jour comme de nuit, les toits des fonderies recouvrent un incendie consciencieusement entretenu. Entre le vacarme des machines et les ruisseaux de métal liquide qui s'y déversent, je m'abrutis de travail en espérant la délivrance. Le reste du temps, j'épluche les journaux. On y parle d'économie, de métallurgie, de démographie. On y parle d'un monde entièrement à construire, mais mes préoccupations à moi sont bien plus modestes. Localiser Edgar Allan Poe, en espérant que Docteur Blind aura fait de même.

Les Brow sont analphabètes, comme beaucoup de gens que je croise ici. Pour récolter des journaux, je n'hésite pas à fouiller les poubelles. Je me lie d'amitié avec un gamin de mon âge, Clem, qui vadrouille un peu partout dans la région en vivant de menus larcins. Sa peau est aussi blanche qu'un linge, ses cheveux roux comme les flammes, et ses gestes plus vifs que l'éclair. Évidemment, il n'a jamais entendu parler d'Edgar Allan Poe ni du *Scarabée d'or*, mais c'est lui qui me rapporte un jour un exemplaire défraîchi de l'*American Review*, datant de décembre 1845. Y figure un conte macabre de Poe, *La Vérité sur le cas de M. Valdemar*. Clem, à qui personne n'a jamais raconté d'histoire, réclame que je lui fasse la lecture, et je m'y emploie aussitôt.

La Vérité sur le cas de M. Valdemar. Le narrateur, un savant, y expérimente une magie qu'il appelle magnétisme. Contrôlant les fluides d'un corps, il est capable d'endormir ses patients, et de communiquer avec eux pendant leur sommeil. C'est alors qu'arrive Valdemar. Valdemar est atteint d'une grave maladie. Il est condamné à mourir, ce n'est plus qu'une question d'heures. Le savant le magnétise quelques minutes avant sa mort, puis échange avec lui. Valdemar dort, il dit qu'il dort, il demande à ce qu'on le laisse mourir. Puis il dit qu'il meurt. Qu'il a dormi, mais que maintenant il est mort. Sept mois plus tard, il dort toujours, ou bien il continue d'être mort. Mais son corps, continuellement surveillé par des infirmiers, ne dépérit pas. En sept mois, son état n'a montré aucun signe de putréfaction. Le savant décide alors de le réveiller. Il le réveille doucement, en prenant tout son temps. Il voudrait connaître ses sensations, mais Valdemar lui demande d'accélérer le réveil. « Je vous dis que je suis mort ! » répète-t-il. Le savant précipite son réveil, et en moins d'une minute le corps de Valdemar se décompose (« se dérobe », « s'émiette ») et pourrit sur place (« une masse dégoulinante et quasi liquide »).

– C'est dégueulasse ! grimace Clem au moment où le conte se termine.

– Il ne s'agit que d'une histoire, je dis. Probablement inventée.

– Mais quand même... Il n'a pas mieux à faire, ton écrivain ? Et pourquoi veux-tu rencontrer un type aussi tordu ?

– Sans doute parce que ma propre histoire est tordue. J'ai besoin de démêler le vrai du faux.

– C'est rien d'autre que dégueulasse, se lamente Clem en s'éloignant de moi.

Une dizaine de pas plus loin, il se retourne pour me faire un clin d'œil.

– Bon, salut... Et la prochaine fois que tu trouves une histoire aussi dégueulasse, tu me fais signe !

Le lendemain, j'écris une lettre à l'attention d'Edgar Allan Poe. Je l'adresse à l'*American Review*, en précisant que personne d'autre ne doit la lire.

Monsieur Poe,

Mon copain Clem dit que vous avez l'esprit tordu, et c'est pour ça que je vous écris. J'ai besoin de vous rencontrer. Ça fait maintenant trois longues années que j'ai lu Le Scarabée d'or, *et je suis parti de l'île d'Antigua pour vous voir. Avec Docteur Blind, on s'est perdus en route. J'ai deux choses à vous demander. Premièrement, est-ce que Docteur Blind est venu jusqu'à vous ? Et deuxièmement, est-ce qu'il a laissé une adresse pour moi ? Je m'appelle Antoine. J'ai une troisième chose à vous demander, mais c'est un secret, ça concerne un véritable trésor, alors j'aimerais autant vous en parler quand on pourra se rencontrer. Merci d'avance pour votre réponse.*

Cette lettre restera sans réponse. Et puis deux semaines plus tard, Clem m'attend à la sortie de la fonderie. Il a un cadeau pour moi. Plusieurs kilos de journaux récents qu'il traîne au fond d'un sac en toile de jute.

– Faut que tu m'apprennes à lire, dit-il.

On s'installe sur un talus. Les premières lettres que Clem sait reconnaître sont le *P*, le O et le *E*. POE ! On partage les journaux en deux piles, et une heure plus tard, c'est lui qui retrouve la trace de Poe.

Dans le *Saturday Evening Post* de décembre 1846, la rédaction s'adresse aux admirateurs de Poe. Elle mentionne une terrible panne d'inspiration de l'écrivain, une profonde détresse liée aux soucis de santé de sa femme. En conséquence de quoi, tous les lecteurs qui souhaitent le relire à l'avenir sont invités à se faire connaître, pour lui apporter leur contribution financière.

– Ça veut dire quoi ? s'inquiète Clem.

– Que si tu veux une autre histoire dégueulasse, il faut envoyer de l'argent.

Clem fouille ses poches. Il me tend toutes ses économies à joindre à mon prochain courrier. Un quart de dollar.

Monsieur Poe,

Vous n'avez pas répondu à ma précédente lettre. Cette fois, mon copain Clem vous envoie une pièce de vingt-cinq cents, il vous en enverra peut-être une autre si vous ne m'oubliez pas. Je répète ma requête… Premièrement, est-ce qu'un certain Docteur Blind est venu jusqu'à vous ? Deuxièmement, est-ce qu'il a laissé une adresse pour moi ? Je m'appelle Antoine. Pour la troisième chose que j'ai à vous demander, je précise qu'il s'agit d'un cryptogramme à déchiffrer. Mais je ne préfère pas vous l'envoyer, je vous le montrerai quand on se rencontrera. Répondez !

chapitre 42

Un mois passe. Je continue de lire les journaux en attendant une réponse, mais Poe ne donne aucun signe. N'y tenant plus, je lui envoie une troisième missive, dans laquelle je m'épanche un peu plus sur mon cas, résumant brièvement ma première vie, et l'histoire du médaillon. Clem s'impatiente encore plus. Il désespère. Après le *P*, le O et le *E*, il apprend les autres lettres de l'alphabet, et relit en boucle *La Vérité sur le cas de* M. *Valdemar*. Il connaît l'histoire par cœur, et en récite ses passages préférés sans jamais se lasser. « Je vous dis que je suis mort ! » hurle-t-il dans la nuit aux chiens effrayés.

Une réponse arrive enfin au début du printemps.

Cher Monsieur Antoine,

Je me décide à prendre la plume pour vous répondre. Sachez d'abord que je n'ai pas reçu votre première lettre. La deuxième et la troisième me sont arrivées à deux jours d'intervalle la semaine dernière. Vos questions restent un mystère pour moi, je n'ai pas souvenir d'avoir accueilli ce Docteur Blind dont vous parlez. Mais depuis que Virginia, ma tendre et chère épouse, m'a quitté en janvier dernier, je me méfie des docteurs. Ceci dit, s'il ne s'agissait que de votre Docteur Blind, je n'aurais jamais pris la peine de vous écrire. Si je m'y résous, c'est uniquement poussé par l'excitation que suscite en moi votre prétendu cryptogramme, et surtout les quelques événements de votre vie que vous me relatez. Vous me semblez bien farfelu. Mais tout ce qui est étrange me fascine, et ma logique vient à bout de n'importe quel mystère supposé. Alors dites-m'en un peu plus, et je consentirai peut-être à vous rencontrer.

Votre dévoué Edgar Allan Poe.

Cette fois, j'écris une lettre de six pages. J'y résume ma deuxième vie, du jour où Docteur Blind m'a repêché dans son filet jusqu'au jour d'aujourd'hui.

Et Poe me répond sans tarder.

Cher Monsieur Antoine,

J'ai lu avec intérêt votre histoire. Elle est trop souvent approximative et dénuée de logique à mon goût, mais je consens à gaspiller un peu de mon précieux temps pour déchiffrer votre cryptogramme. Envoyez-le rapidement avant que je ne change d'avis.

Dans le courrier suivant, je réclame son adresse personnelle, lui promettant de venir en personne dans les plus brefs délais. Mais Poe refuse. Toutes mes lettres doivent être adressées au *Saturday Evening Post*. Toute tentative de le rencontrer aura pour effet immédiat d'interrompre notre correspondance. « La vérité est que j'ai beaucoup à faire, écrit Poe. Et j'ai décidé de ne pas mourir avant que ce soit fait. »

Je tarde avant de répondre. Je rumine trois jours durant, incapable de trancher. Est-ce que Poe n'est pas en train de me tendre un piège ? Puis-je lui confier une copie du cryptogramme sans risquer de tout perdre ?

En introduction au *Scarabée d'or*, Edgar Allan Poe avait écrit ces quelques lignes... « Oh ! Oh ! Qu'est-ce que cela ? Ce garçon a une folie dans les jambes ! Il a été mordu par la tarentule. » Et en même temps que ces phrases laconiques, les paroles de Timpoochee me reviennent en mémoire... « Résister à l'esprit des hommes blancs, à leur pensée qui s'introduit au plus profond de nos entrailles. Se protéger de l'intérieur. Faire en sorte que nos rêves ne s'éloignent jamais de nous. Jamais. »

Pour gagner du temps, j'expédie une copie du cryptogramme au *Saturday Evening Post*, salue les Brow et convie Clem à mon prochain voyage. Nous allons nous rendre directement chez Poe. Sur le tampon de sa dernière enveloppe, deux beaux indices nous y mènent : « Fordham, New York »...

chapitre 43

Clem et moi rejoignons Cumberland en deux jours. Une centaine de kilomètres sur le dos d'un cheval alezan volé à un notable de Wheeling.

– Pas *volé*, rectifie Clem. *Emprunté*.

Pour emprunter un cheval, des provisions, des vêtements plus chauds, une couverture ou quelques dollars, Clem est le compagnon parfait. Débrouillard. Habile, inventif et discret. Et si j'ai le malheur de juger ses *emprunts* malhonnêtes, il proteste en pointant du doigt le fourreau que je porte habituellement à la ceinture.

– Où tu as volé ce couteau ? sourit-il.

Tout ça est tellement loin. Je me revois chez miss Bridges, m'introduisant de nuit dans la cuisine. Cachant mon butin au pied du séquoia. Mes premiers souliers doivent toujours y être enterrés.

– Ni *volé* ni *emprunté*, je dis à Clem. Juste *échangé*, contre une paire de savates usées !

De Cumberland, nous prenons place dans un wagon de la toute jeune compagnie ferroviaire Baltimore and

Ohio Railroad. Dissimulés sous des sacs de charbon, nous rallions Baltimore, et de là embarquons clandestinement à bord d'un bateau à vapeur. Nous sommes vite repérés, mais le capitaine n'est pas un mauvais bougre. Contre son silence, Clem propose de lui échanger deux trois bricoles ramassées en chemin. Son balluchon en déborde. Un portefeuille (vide) en cuir de vachette, un étui à cigarettes, et surtout un jeu de fourchettes en argent emballées à l'intérieur d'un magnifique foulard de soie. Clem m'assure que la morale est sauve : il a trouvé l'argenterie une heure avant, dans une cabine voisine.

En moins de trois semaines, nous sommes en baie de New York.

New York… Rien de comparable avec les bourgades croisées jusqu'alors. Ici, on compte déjà cinq cent mille habitants. La moitié est née dans un autre pays. Ils ont fui une guerre, une révolution, une famine, ou plus simplement ils sont venus avec l'idée de faire fortune. Ici, le nombre de biens à *emprunter* avoisine sûrement l'infini. Même les pauvres semblent riches. Clem jubile déjà. Cette ville est démesurée. Ces plusieurs villes en une seule promettent d'être à la hauteur de ses ambitions, et il s'en frotte les mains d'impatience.

– Par quoi on commence ?

Je dévisage mon compagnon avec un mélange d'incrédulité et d'inquiétude. Par quoi commencer ? Pour tout bagage, je n'ai que mon médaillon, mon couteau à l'abri dans son précieux fourreau, trois lettres d'Edgar Allan Poe, et ce semblant d'adresse : « Fordham, New York ». Je lève la tête. Des bâtiments plus hauts que des cheminées d'usine sont emboîtés les uns aux autres, d'innombrables quartiers se succèdent, des avenues grouillantes de monde se prolongent interminablement…

En me heurtant à cette ville tentaculaire, la première pensée qui me vient à l'esprit est qu'il y a pire que le kraken. Il y a New York.

Et ma deuxième pensée découle de la première. Cette ville est assez puissante pour m'engloutir. Pour m'anéantir, pour m'écrabouiller. Alors si je veux repartir d'ici vivant, j'ai tout intérêt à trouver Poe le plus vite possible.

chapitre 44

Une semaine durant, on interroge les commerçants et les passants. L'un d'entre eux a entendu parler d'un écrivain habitant trois rues plus loin, mais il ignore s'il s'agit de Poe. Trois rues plus loin, l'écrivain en question s'avère être un comptable travaillant dans une fabrique de chandelles, écrivant des poèmes sentimentaux à ses moments perdus. Il est incapable de nous renseigner.

Un employé de bureau nous oriente vers une imprimerie, l'imprimeur vers une brasserie, le brasseur vers un vendeur de journaux, et le vendeur de journaux vers une raffinerie de sucre.

Clem se décourage déjà, préférant s'employer à remplir son balluchon.

– Bon sang, dit-il. J'ai un métier, oui ou non ?

Depuis qu'il a surpris quelques escrocs s'adonner au vol en bandes organisées, ses perspectives s'élargissent.

– Je ne vais pas rester un voleur toute ma vie. Je veux être un vrai bandit !

Histoire de se faire la main, il se fixe des défis inutiles. Chaque matin, voler le plus grand nombre de chapeaux (record : cinquante-quatre). Son audace me paralyse, mais même passif je reste son indispensable associé. Pendant qu'il œuvre, je suis censé surveiller les parages. Près des abattoirs. Clem empoche d'abord cigarettes et dollars, puis s'attaque ensuite aux petites épiceries, d'où il ressort les poches pleines de victuailles. Son premier bijou (subtilisé dans la poche d'un riche négociant) est une montre à gousset. Me voyant loucher dessus, il décide de me prouver que, contrairement à la plupart des gens honnêtes, les bandits sont généreux. Et non seulement il m'offre la montre, mais il m'apprend à lire l'heure.

Un soir (20 h 45 pour être précis), Clem lorgne sur un atelier de confection. La nuit tombée (entre 23 heures et 23 h 30), il y retourne avec un petit chariot à roulettes dérobé à un marchand de journaux, et s'empare d'une machine à coudre.

– Qu'est-ce que tu veux faire avec ça ? je demande.

– La revendre.

– Arrête un peu. On va se faire pincer.

Clem élabore des plans de plus en plus hasardeux, et peu à peu je démissionne de mon rôle d'associé. Du chantier naval qui nous tient lieu de quartier général et de dortoir improvisé, on se sépare le matin, lui pour se consacrer à ses activités frauduleuses, moi pour poursuivre tout seul mon enquête. Je fréquente toutes les tavernes du port, et finis par croiser un journaliste bavard. Selon lui, Poe habiterait un quartier du Bronx, quelque part dans la grande banlieue de New York. Il ajoute que l'indication de Fordham concorde avec cette information. C'est encore vague, mais on se rapproche.

Toute la soirée, j'attends Clem pour lui annoncer la nouvelle. Aux alentours de vingt-trois heures (23 h 10 à ma montre à gousset), il n'est toujours pas arrivé, et je commence sérieusement à m'inquiéter pour lui. Il me surprend en train de faire les cent pas sur les quais, et m'attrape aussitôt la main, un sourire jusqu'aux oreilles. Pas le temps de lui parler de mon journaliste, il insiste pour me présenter quelqu'un sur-le-champ.

– Ça ne peut pas attendre demain ?

– Bien sûr que si, répond Clem. Mais le temps qu'on y aille, il sera déjà demain !

Récupérant son balluchon caché derrière un atelier où on file l'étoupe, il m'entraîne avec lui vers un quartier éloigné de Manhattan, Greenwich Village.

En chemin, Clem me raconte sa rencontre avec Peggy, une jeune femme aussi rousse que lui. Il l'a repérée de loin, devant la vitrine d'une boutique luxueuse.

– Elle est rentrée en pantalon, avec un chapeau de fermier. Et elle est sortie sans le chapeau, dans une robe en tissu satiné. J'ai traversé la rue tout de suite. Dès que nos regards se sont croisés, j'ai… j'ai su…

Clem roule des yeux. Je l'arrête tout de suite.

– Qu'est-ce qu'une fille aussi raffinée peut bien faire avec un bandit comme toi ?

– Ah… Si tu savais… Peggy ne fait que des belles choses…

Et Clem achève son récit. Peggy circule dans les grandes villes de l'est, avec une machine récemment inventée. Une sorte de gros cube en bois, à l'intérieur duquel on glisse une plaque de cuivre finement recouverte d'argent.

– Imagine, s'emporte Clem en stoppant net. Sur une paroi de la boîte, un trou laisse passer la lumière. Je me mets devant, ni trop loin ni trop près. Peggy me demande de ne plus bouger pendant vingt minutes. Vingt longues minutes…

Clem ne bouge plus. Une vraie statue. Retenant mon souffle, je regarde l'heure à ma montre. Minuit pile. On est quelque part au milieu de la nuit, entre hier et demain. Un épais brouillard nous empêche de distinguer les étoiles. Des rires nous parviennent d'une rue parallèle. Minuit une : Clem prend mon bras et redémarre.

– Bon, dit-il. Ensuite, Peggy m'invite chez elle. Elle tire les rideaux.

Surprenant mon regard éberlué, Clem se racle la gorge.

– C'est pas ce que tu crois… Peggy tire les rideaux, elle récupère la plaque de cuivre. Elle la place au-dessus d'un bain de vapeur. Du mercure. Elle la plonge dans un autre liquide. Et…

– Et quoi ?

Une vingtaine de minutes plus tard (minuit vingt-cinq exactement), Clem me présente Peggy. Elle est comme il a dit. Sa machine également. À l'abri dans un écrin, sur une plaque de cuivre, il y a le visage de Clem. Le buste de Clem. Non pas un reflet, mais son visage et son buste sans mouvement, fixés sur la plaque. Le portrait de Clem, sage comme une image. Peggy appelle ça un daguerréotype, elle en a une trentaine avec elle, protégés sous un drap. Des hommes, des femmes, plus vrais que nature. Et chacun, immobile sur sa surface lisse, semble murmurer les derniers mots de M. Valdemar. « Puisque je vous dis que je suis mort ! »

chapitre 45

Peggy réalise ses portraits en plein soleil, et vient terminer le travail dans l'obscurité d'un appartement insalubre. C'est son atelier et sa chambre. Elle nous y héberge deux nuits. Le troisième jour, je pars pour le Bronx sur la piste de Poe. Ma montre à gousset indique 11 h 15. Sous la couette, douillettement installé entre les bras de Peggy, Clem me souhaite bonne chance. Nous nous donnons rendez-vous ici même, dès que mes recherches auront abouti.

Mes recherches pour retrouver Poe aboutiront malgré moi, mais je ne reviendrai pas dans cette chambre, et je ne reverrai plus jamais Clem.

Le même jour, 16 h 40, je rôde dans les environs de l'université de Fordham. Aucun renseignement supplémentaire sur Poe, mais ma motivation ne faiblit pas. Je traverse une rue déserte, quand trois hommes m'accostent. Les deux premiers, casquettes vissées sur la tête, me plaquent brutalement contre un mur. Le troisième, costume clair et lunettes cerclées de noir, yeux laiteux et dents cariées, m'apostrophe.

– Tu as quoi dans les poches ?

Tétanisé, je n'ai même pas la force d'ouvrir la bouche. L'homme me fouille et trouve la montre à gousset. Il fait signe aux deux autres de me relâcher.

– C'est pas la première fois que je te trouve sur mon chemin, dit-il en étouffant un rire mauvais. Toi et ton petit copain roux. Vous vous promenez, tous les deux ? Un quartier, puis un autre… Vous faites du négoce ?

Retournant le col de ma chemisette, il arrache mon médaillon. C'est là que je perds mes nerfs. Rugissant de colère, je lui mords la main. Je mords si fort que j'ai le goût du sang dans ma bouche. Mais aussitôt les deux autres me saisissent à la gorge et me terrassent. L'homme se tord de douleur. De sa main valide, il ramasse la montre à gousset et le médaillon, avant de m'expédier un coup de pied dans les côtes.

– C'est quoi, ça ?

Il vient de remarquer le couteau accroché à ma taille. Les deux autres ont compris, ils le sortent de son fourreau pour le lui tendre. L'homme caresse la lame.

– Tu diras à ton copain que j'aime pas trop la concurrence. Si vous voulez continuer vos petites affaires tous les deux, il va falloir changer de ville. OK ?

Je tremble encore. Je crache un filet de sang. L'homme fléchit les genoux et me soulève le menton.

– C'est mon sang ou le tien que tu craches ?

J'essaie de remuer la tête, mais les deux autres m'immobilisent.

– Je crois que tu as perdu ta langue, dit l'homme. Ou que tu vas bientôt la perdre.

Un soupir plus tard, il fait signe aux deux autres de m'ouvrir grand la bouche, et d'un coup net m'enfonce le couteau entre les dents.

chapitre 46

J'ai de la chance. Timpoochee me l'a dit le jour où je lui ai raconté mon histoire.

– Tu as beaucoup de chance.

Dans tout ce que j'entreprends, j'ai de la chance. Toute ma vie j'ai toujours eu de la chance. Si je n'avais pas rencontré Docteur Blind, qu'est-ce que je serais devenu ? Je ne serais même pas né. Si Liz n'avait pas convaincu miss Bridges de m'acheter comme esclave, est-ce que j'aurais réussi à m'enfuir ? Je serais sans doute encore esclave. Si Timpoochee ne m'avait pas recueilli, je serais mort sur les pentes des Appalaches, dévoré par des rapaces. Si Clem n'avait pas déniché cet exemplaire du *Saturday Evening Post*, je serais prisonnier d'un incendie dans une fonderie de Wheeling.

Aujourd'hui encore, j'ai de la chance. J'ai perdu le médaillon, le fourreau de mon couteau est vide, et sans ma montre à gousset je n'ai plus aucun moyen rapide de connaître l'heure exacte. Je sais juste que j'ai environ 16 ans, qu'on vient de me trancher la langue, et que j'ai beaucoup de chance.

C'est un couple qui me trouve évanoui dans une flaque de sang. Un couple d'étudiants. Ils n'ont aucun moyen de m'identifier, mais sous ma chemise ils découvrent trois lettres signées Edgar Allan Poe. Alors comme ils connaissent l'écrivain et l'homme, ils me conduisent directement chez lui.

chapitre 47

Je me réveille dans une chambre étroite et austère. Tout le contraire de chez Peggy. Modeste fenêtre aux rideaux transparents, murs vides, parquet impeccablement ciré. Un lit occupe quasiment tout l'espace, en plus d'une chaise et d'un guéridon sur lequel trône le portrait peint d'une femme brune au visage de marbre.

Mes bras se plient, mes jambes s'écartent, je soupire d'aise en promenant mes doigts autour de mes lèvres intactes. Pourtant ma bouche est pâteuse. J'essaie d'articuler quelques mots, mais il n'en sort que des râles étouffés. Ma langue m'empêche de faire mieux, elle semble avoir doublé de volume et refuse de se soumettre à mes exercices vocaux. J'ai l'impression d'avoir un clou coincé dans la bouche. Un filet de bave me glisse sur le menton et des larmes perlent à mes yeux, quand la porte s'ouvre.

Une femme aux cheveux gris avance timidement jusqu'à moi. Son corps hésite, je la devine perturbée sous sa robe mauve. Un châle sombre drape ses fragiles épaules, et ses yeux bouffis de chagrin s'illuminent en me voyant réveillé. Elle s'assied à mon chevet.

– Je m'appelle Maria. Je suis la mère de Virginia.

D'un hochement de tête, elle désigne le portrait sur le guéridon et continue d'une voix fébrile, comme si elle voulait s'excuser.

– Vous êtes installé dans son lit de mort. La maison est petite, nous ne disposons pas d'autre chambre libre.

Je remue les lèvres pour tenter de répondre, mais la main de Maria se précipite sur mon front.

– Ne dites rien. Votre langue est en deux morceaux. Il faut juste espérer qu'elle se cicatrise.

Maria retire sa main et m'adresse un sourire embarrassé.

– Virginia nous a quittés en janvier, et cette terrible épreuve nous a beaucoup secoués, Edgar et moi. Quand vous êtes arrivé la bouche en sang, j'ai cru qu'un nouveau malheur allait nous tomber dessus.

Elle se lève pour tirer le rideau. Une chaude lumière rampe sur mon visage.

– Vous êtes vivant, dit Maria. C'est le principal.

Maria est la tante d'Edgar. Edgar est né en 1809. Après la mort de ses parents, Elizabeth Arnold et David Poe, il est élevé par les Allan, un couple d'aristocrates de Virginie. Il devient Edgar Allan. Un petit tour par l'Écosse et l'Angleterre, puis la famille revient s'installer en Virginie. Edgar suit de brillantes études, s'engage un temps dans l'armée, publie ses premiers récits sous le nom d'Edgar A. Perry, avant d'adopter celui d'Edgar Allan Poe. Il s'installe avec sa tante Maria et sa petite cousine Virginia. Edgar et Virginia s'adorent, ils s'épousent une première fois clandestinement en 1835, avant de confirmer publiquement leur union un an plus tard. Virginia n'a pas 14 ans, Edgar en a le double. Onze ans passent, Virginia meurt, je suis dans son lit de mort et j'attends la visite de l'auteur du *Scarabée d'or*.

Poe rentre en début d'après-midi. Peggy en ferait sûrement un magnifique portrait, il faudrait le lui présenter. Mine contrite. Cheveux en désordre, moustache taillée aux commissures des lèvres, regard lointain, sombre et mélancolique. Un foulard solidement noué autour du cou lui donne l'air de quelqu'un qui va s'étrangler dans la seconde. Au lieu de s'asseoir à mon chevet comme sa tante Maria, il va et vient entre la fenêtre et la porte, s'agitant aussi nerveusement qu'un insecte à qui on viendrait d'arracher les pattes. Sa voix prend le contre-pied de son apparence, ronde et suave.

– Bien. Vu votre état, je crains que notre conversation ne se réduise à un monologue de ma part. Ce n'est pas pour me déplaire. Autant vous le dire franchement, je désapprouve votre venue. Alors je vais faire vite.

Il sort un papier de son veston.

– J'ai étudié le cryptogramme que vous m'avez envoyé. Un mélange de charabia et de français. Tenez, lisez plutôt...

APREJMEZUNEPAIREDEPIJONTIRESKET
2DOEURSQESEAJTETECHERALFUNEKORT
FILTTINSHIENTECUPRENEZUNECULLIERE
DEMIELLEEFOVTREFOUSENFAITESUNEONGAT
METTEZSURKEPATAIEDELAPERTOTITOUSN
VOULEZOLVSPRENEZ2LETCASSESURLECH
EMINILFAUTQOEUTTOITANOITIECOUUE
POVRENPECGERUNEFEMMEDHRENGTVOUSNAVE
QUAVOUSSERERLADOBAUCGEAETPOURVE.
NGRAAIETPOREPINGLEOUEIUILETURLOR
EILJNOURLAIREPITERUNCHIENTUPQUN
LENENDELAMERDEBIENTECJEETSURRU
NVOVLENQUILNISEIUDFKUUNEFEMMRQ
IVEUTSEFAIREDUNHMETSEDETESUDRE
DANSDUUI OOUQNDORMIRUNHOMMR
ESSCFVMM/PLFAUTNRENDREUDLQ
UUNDIFFURQECIEEFURTETLESL

– Avez-vous apporté l'original ? s'inquiète Poe.

Je fais signe que non.

– Ne me dites pas qu'on vous l'a volé ?

Je fais signe que si.

Visiblement contrarié, Poe me tourne le dos pour réfléchir. Le résultat de ses ruminations ne se fait pas attendre.

– Mmm. Première hypothèse, la copie que vous m'avez envoyée est truffée d'approximations qui ne nous mènent nulle part. On peut même penser à un canular. Deuxième hypothèse, il s'agit d'un cryptogramme d'une re-dou-table complexité.

Un accès de toux l'oblige à marquer une pause. Puis il reprend d'une voix irritée.

– Dans les deux cas, je ne peux rien dire de plus pour l'instant. Si vous retrouvez l'original, nous en reparlerons peut-être. En attendant ces improbables retrouvailles, mon hospitalité a des limites. Merci de libérer cette chambre dès demain.

Il baisse d'un ton, et son pas se fait soudain plus lent et plus lourd.

– Si vous n'y voyez pas d'inconvénient, je retourne à mes soucis personnels... et à mon travail...

La porte claque.

Jusqu'au soir, j'étudie le résultat de ses analyses. Le mystère du cryptogramme reste entier, mais pour masquer ma déception je m'accroche aux quelques extraits qui conservent un sens. Je les mets de côté. Je les tourne et les retourne dans ma bouche.

UNE PAIRE DE PIGEONS
TÊTE
PRENEZ UNE CUILLÈRE DE MIEL
VOUS EN FAITES UNE
METTEZ

VOULEZ PRENEZ CASSÉS SUR
IL FAUT
PAUVRE UNE FEMME
VOUS N'AVEZ QU'À VOUS SERRER
ÉPINGLE
UN CHIEN DE LA MER
UNE FEMME VEUT SE FAIRE
DANS
DORMIR UN HOMME
IL FAUT RENDRE

Rendre quoi ? J'ai tout perdu, ma langue et mes rêves, je suis abandonné sur un lit de mort, je n'ai plus que ces mots éparpillés sur un morceau de papier, et de dérisoires questions coincées en travers de la gorge.

En soirée, m'apportant un bol de soupe que je laisse refroidir, Maria dépose un carnet et un crayon sur ma poitrine. Je lui écris aussitôt un message.

Maria,

S'il vous plaît j'aimerais que vous remerciiez sincèrement votre neveu de ma part. Et puis profitez-en pour lui demander ce qu'il pense vraiment de mon histoire. J'aimerais qu'il y croie. J'aimerais qu'il me dise que mon trésor existe.

Maria prend le temps de lire ma requête. Le jour décline, elle tire les rideaux et une lumière blafarde s'attarde sur ses tempes grisonnantes.

– Je peux répondre à sa place, finit-elle par dire. Peu lui importe votre histoire et votre trésor. Peu lui importe que les trésors existent ou n'existent pas.

Ravalant un sanglot, elle détourne la tête.

– De toute sa vie, Edgar ne s'est intéressé qu'à Virginia et à la littérature. Depuis que la première est morte, il ne jure plus que par la seconde.

Et après m'avoir restitué le carnet d'une main chevrotante, elle fouille dans une poche pour me tendre un papier plié en quatre.

– J'allais oublier. Ceci devrait vous intéresser. Suite à un article du *Saturday Evening Post*, Edgar a reçu énormément de courriers de soutien. Dont récemment une lettre d'un certain Docteur Blind, qui vous cherche dans tout le pays. Vous y trouverez l'adresse de sa nièce, à Rochester.

chapitre 48

Les jours suivants, je remonte le fleuve Hudson entre New York et Albany. Puis de là, j'emprunte cinq trains différents jusqu'à l'embouchure de la rivière Genesee, à deux pas du lac Ontario et de la frontière canadienne. Tout l'argent que Maria m'a généreusement donné y passe. Mes poches sont vides, ma langue ne cicatrise pas, je ne communique plus qu'avec un crayon et un carnet. J'arrive en soirée à Rochester. La ville s'endort déjà, l'air est glacé. Au moment de me rendre à l'adresse que m'a indiquée Maria, mon cœur bat à tout rompre. Je me sens épuisé, mais en même temps l'excitation grandit à l'idée de retrouver Docteur Blind.

C'est sa nièce qui m'ouvre la porte. Cheveux courts, taches de rousseur éclaboussant son visage poupin, corps rondelet dans des habits de garçon. Rosalie Blind m'attendait, elle me prend dans ses bras comme un frère. Elle n'a pas de frère. Pas d'enfants ni de mari. Ses parents sont restés en Angleterre, elle est venue ici avec ses 20 ans et ses rêves d'Amérique. Seule.

J'ouvre la bouche. Quand j'essaie de parler, on dirait un oiseau blessé. Mais Rosalie a des yeux pénétrants, un seul regard et elle semble lire dans mes pensées. Elle devine mes questions. Non, Docteur Blind n'est pas là. Docteur Blind est sans cesse sur les routes, il a perdu la tête. A perdu son cahier, sa valise, et m'a perdu moi. Trois ans déjà. Et depuis tout ce temps, il nous cherche partout, sa tête, son cahier, sa valise, moi. Il va et vient entre ici et le Sud. Persuadé que je suis encore vivant, libre ou esclave. Convaincu que nos chemins finiront par se croiser de nouveau. Où est-il en ce moment ? Rosalie ne sait pas. Cette année, il est venu fin mars et mi-octobre. Une semaine à chaque fois, avant de repartir. Il envoie parfois une lettre pour donner de ses nouvelles, la dernière était en provenance du Tennessee et parlait d'une piste sérieuse, de personnes susceptibles de l'aider dans ses recherches.

– Il faut l'attendre, conclut Rosalie.

Je m'installe chez Rosalie en même temps que l'hiver, courant décembre. Une première tempête de neige s'abat sur la région le soir même. Les vagues de froid se succèdent. Le blizzard m'oblige à m'armer de patience, en passant mes journées entre quatre murs. Je ronge mon frein. Au printemps suivant, je suis encore là, et Docteur Blind n'a toujours pas donné signe de vie.

De plus en plus souvent, je rejoins Rosalie à son lieu de travail. Près de la gare, un bureau étroit abrite une invention stupéfiante, le télégraphe. En même temps que les voies de chemin de fer se développent, des lignes électriques quadrillent tout l'est du pays. Des signaux y circulent continûment, et vingt ou trente minutes suffisent pour acheminer un message du nord au sud, d'un poste télégraphique à l'autre. C'est comme dans un corps, m'explique Rosalie. Chaque poste constitue un centre nerveux. La moindre information est immédiatement relayée, le cerveau dit aux jambes de marcher, et les genoux plient, les pieds avancent.

Aux commandes du télégraphe, Rosalie me fait l'effet d'une magicienne. Sa machine est à peine plus grosse qu'un lièvre, les oreilles prolongées par un fil électrique. Un lièvre doté d'une ouïe assez fine pour réceptionner des signaux émis à des milliers de kilomètres à la ronde. Quand un message arrive, un mécanisme d'horlogerie se met à cliqueter, transcrivant les signaux sur une bande de papier. Des combinaisons codées. Une suite abstraite de points et de traits séparés par des espaces. Et avec ses doigts d'enchanteresse, Rosalie fait parler le lièvre.

URGENCE LOCOMOTIVE DORCHESTER BUFFALO. NORTH STAR DOUGLASS INCIDENT CONGRÈS SÉNATEUR BROOMFIELD. EXPORTATION 3000 BARILS

FARINE 2500 BOISSEAUX FROMENT LIVRAISON WESTINGHOUSE.

Des dizaines de mots affluent ainsi chaque minute. Messages personnels, routine commerciale ou nouvelles politiques. Cliquetis de l'Amérique. Rosalie est aux avant-postes pour sentir battre le pouls du monde.

En mai 1848, elle m'annonce que la France a enfin aboli l'esclavage dans ses colonies. Les États-Unis suivront, me dit-elle. L'histoire est en marche.

En juillet, elle s'enthousiasme pour la Convention des droits de la femme, tout près d'ici, à Seneca Falls. Un manifeste y est adopté, joliment intitulé la Déclaration des droits et des sentiments.

– L'histoire est en marche, répète Rosalie. Elle est en train de s'accélérer.

Quant à moi, je ne dors plus. Ou mal. Depuis que ma langue me fait défaut, les mots s'accumulent dans ma gorge. Ils se bousculent. Ils finissent par m'étrangler. Je n'en peux plus d'attendre. Je n'en peux plus de relire des fragments de mon cryptogramme. « Une paire de pigeons. Prenez une cuillère de miel. Vous en faites une. Il faut. Pauvre une femme. Vous n'avez qu'à vous serrer. Épingle. Un chien de la mer. »

On dirait un télégramme.

En août, Rosalie prédit la fièvre de l'or. Quelques pépites de ce précieux métal viennent d'être découvertes en Californie, et déjà les premiers aventuriers se préparent à rejoindre la côte ouest.

Ce même mois, je décide d'aller à la rencontre des Fox, deux jeunes sœurs qui habitent une ferme supposée hantée à quelques kilomètres de Rochester. Kate et Margaret Fox font de plus en plus parler d'elles dans les environs. Elles prétendent avoir établi un contact avec un esprit fantôme. Les avis sont évidemment partagés. Il y a ceux que ce miracle fascine, et ceux qui se moquent. Voulant me faire ma propre opinion, je vais à Hydesville, rejoignant une douzaine de curieux venus écouter les sœurs Fox raconter une énième fois leur expérience.

En arrivant à Rochester en 1847, Kate et Margaret ont la conviction que leur nouvelle maison est hantée. Elles entendent le bois craquer. Pour s'amuser, elles se persuadent que ces bruits bizarres sont orchestrés par un esprit nommé Splitfoot. Un an plus tard, quand les craquements s'intensifient et qu'elles découvrent des objets déplacés, les deux sœurs tentent de communiquer avec Splitfoot. Et Splitfoot leur répond. Est-ce qu'il est un être humain ? Silence. Est-ce qu'il est un esprit ? Les murs se mettent à craqueter comme une poignée de sel dans le feu. Splitfoot est un esprit ! À partir de là, Kate et Margaret établissent une méthode pour discuter avec lui. Un alphabet encore plus simple que celui du télégraphe. Elles s'installent autour d'un guéridon à trois pieds, posent leurs questions et attendent les coups. Les pieds tremblent, la table bat des pieds. Un battement pour la lettre *A*, deux pour la lettre *B*, et cætera. C'est ainsi qu'elles apprennent que Splitfoot se nomme en réalité Rosma, qu'il a été assassiné et enterré dans la cave de leur maison. Personne n'est encore allé vérifier, mais nombreux sont ceux qui croient dur comme fer à l'existence de Splitfoot.

Leur récit terminé, les deux sœurs remercient la petite assemblée. Les curieux se dispersent, et je reste seul avec elles. Elles rigolent de me voir si maladroit, bouche bée, une question au bord des lèvres. Clem aurait sans doute trouvé ces deux filles aussi tordues qu'Edgar Allan Poe. Leur expérience ressemble à celle de M. Valdemar. Mais je dois être moi-même un peu tordu, car au lieu de m'en aller à mon tour, je sors mon carnet et mon crayon pour formuler ma requête.

Avez-vous déjà communiqué avec d'autres personnes mortes ?

Kate me regarde droit dans les yeux. Et d'un air très sérieux, sans consulter sa sœur, elle me prend par le bras pour me conduire à l'intérieur de la maison.

– Les morts ne sont pas absents, dit Kate en prenant place près d'un guéridon. Ils sont juste invisibles.

Margaret la rejoint. Je reste à l'écart, debout près de la porte.

– Comment s'appelle celui à qui tu veux parler ? demande Kate.

Je griffonne un nom sur un bout de papier.

– Et que veux-tu lui demander ?

Je hausse les épaules, avant d'écrire ma question.

Où est le trésor ?

Aussitôt, les deux sœurs ferment les yeux pour se concentrer. Kate inspire longuement. D'une voix fluette, en articulant exagérément, elle prononce le nom de mon plus lointain ancêtre.

– Olivier Levasseur...

Une rafale de vent entre par la fenêtre. Derrière moi, la porte claque. L'air s'électrise. Paniqué, je fais signe aux sœurs de tout arrêter, mais elles gardent les yeux fermés et poursuivent leur manège. Au moment où je choisis de m'éclipser, trois coups sourds retentissent sur le parquet.

Quand elles ressortent dix minutes plus tard, Kate et Margaret me trouvent prostré sous un érable. Elles prétendent qu'Olivier Levasseur n'a parlé d'aucun trésor, mais qu'il a nommé une ville. Lebanon. Et un nom. Gage. Elles posent en même temps leurs mains sur moi, et je sursaute avant de partir en courant.

De retour à Rochester, je raconte tout à Rosalie. Elle me rit au nez en m'avouant que Docteur Blind lui a déjà parlé de ce trésor. Visiblement, je la déçois. L'Histoire avec un grand *H* est en train de s'accélérer, comment peut-on encore s'intéresser à un trésor vieux de plus d'un siècle ? Comment peut-on être assez futile pour écouter deux gamines pérorer autour d'un guéridon ? Et pour les croire !

– Tu perds la tête à ton tour, conclut Rosalie.

J'ai perdu ma langue, je perds peut-être la tête, toujours est-il que début septembre, je file vers Lebanon, au nord de Boston. Ma petite histoire s'accélère, elle m'emporte, et je ne lui résiste plus.

chapitre 49

Les sœurs Fox m'ont parlé d'une ville, Lebanon, et d'un nom, Gage. À Lebanon, je cherche donc un dénommé Gage. Et presque tout de suite, tellement facilement que je commence à douter du bien-fondé de mon voyage, on m'oriente vers une famille Gage.

J'essaie de me raisonner. Je me dis que c'est une coïncidence. Ou plus certainement une farce de Kate et de Margaret. Elles connaissaient ce nom. Peut-être qu'un Gage s'est marié avec une Fox, ou un Fox avec une Gage.

Dans la famille Gage, personne n'a entendu parler d'Olivier Levasseur. Est-ce que j'aurais oublié quelqu'un ? Oui, Julius Gage prétend que son cousin Phineas est parti travailler sur un chantier, à soixante kilomètres d'ici.

Le 13 septembre 1848, j'arrive donc près de Cavendish, dans le Vermont. Le chantier est facile à trouver. Plusieurs ouvriers s'affairent à la construction d'une ligne de chemin de fer, et parmi eux celui que je cherche, Phineas Gage. Un baril de poudre sous le bras, l'homme se dirige en sifflant vers un rocher qu'il a pour mission de faire sauter. Muni d'une barre à mine, il bourre la poudre explosive dans une faille du rocher, tandis que je viens à sa rencontre.

– Pousse-toi de là, petit, me murmure-t-il en continuant son travail.

J'avance d'un pas décidé.

– Tu n'as pas le droit d'être là, insiste-t-il calmement. Trop dangereux.

J'approche encore d'un pas. Je tends ma lettre.

Phineas soupire. Il interrompt son travail pour examiner l'enveloppe, sur laquelle j'ai écrit :

Je viens de la part d'Olivier Levasseur.

– Tu es muet ? demande-t-il.

Je réponds oui d'un hochement de tête.

– Tu cherches du travail ?

Je balaie la question d'un revers de main.

– Attends un peu, dit-il. Je termine ça et je suis à toi...

Et sans l'avoir ouverte, Phineas range la lettre dans la poche intérieure de sa veste. Je m'abrite derrière un autre rocher en attendant l'explosion. La poudre noire est en place, il ne reste plus qu'à allumer le tout. Auparavant, il faudrait y ajouter une couche de sable, mais depuis quelques secondes Phineas semble avoir la tête ailleurs. Est-ce que ma présence le perturbe ? Est-ce qu'il pense à la lettre qu'il n'a pas ouverte ? À cet Olivier Levasseur qui m'envoie ? Levasseur... Ce nom lui dit-il quelque chose ? Imprudent, Phineas laisse sa barre à mine heurter le rocher. Une poignée d'étincelles jaillit aussitôt, et met le feu aux poudres.

Dans l'explosion, la barre à mine traverse le crâne de Phineas Gage. Elle entre par la tempe gauche, traverse une partie de son cerveau, et ressort par le haut du crâne.

Le corps du contremaître gît par terre. Je me penche sur lui pour récupérer mon enveloppe, mais sa veste est trempée de sang. Les autres accourent. Un cercle de dix ouvriers, tous muets d'effroi, entoure maintenant l'homme au crâne transpercé. Phineas Gage n'est pas mort. Pas encore. Jambes raides. Un bras sur la poitrine, l'autre replié sous la hanche. Tout son corps semble intact, il n'y a guère que sa tête qui est touchée. Trouée. Et par ce trou, lui ressortant du crâne, quelques morceaux de masse nerveuse, qui appartiennent sans doute à l'un des deux hémisphères de son cerveau, traînent dans ses cheveux. Personne n'ose parler. Sous le nuage de poussière qui tarde à se dissiper, tous suffoquent. Jusqu'à ce que trois infirmiers s'introduisent dans le cercle.

– Dégagez, dit l'un d'eux.

Les ouvriers se dispersent en silence. Je m'en vais en tremblant. Dix mètres plus loin, je trébuche sur la barre à mine tachée de sang et de poussière, et m'enfuis vers l'est.

Je m'enfuis vers ma troisième vie.

TROISIÈME VIE
(HÉMISPHÈRE SUD) 1854-1865

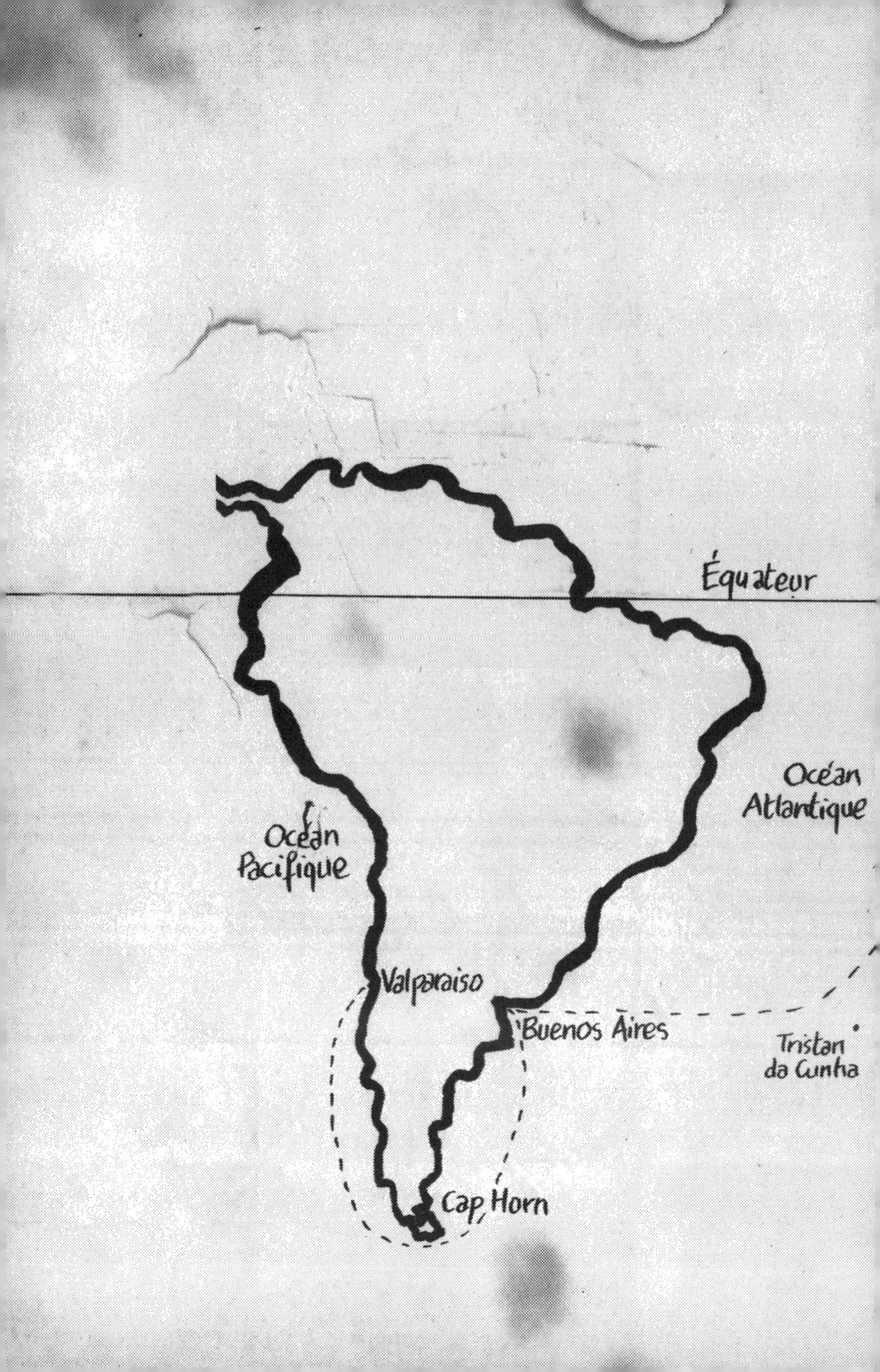
Équateur
Océan Pacifique
Océan Atlantique
Valparaiso
Buenos Aires
Tristan da Cunha
Cap Horn

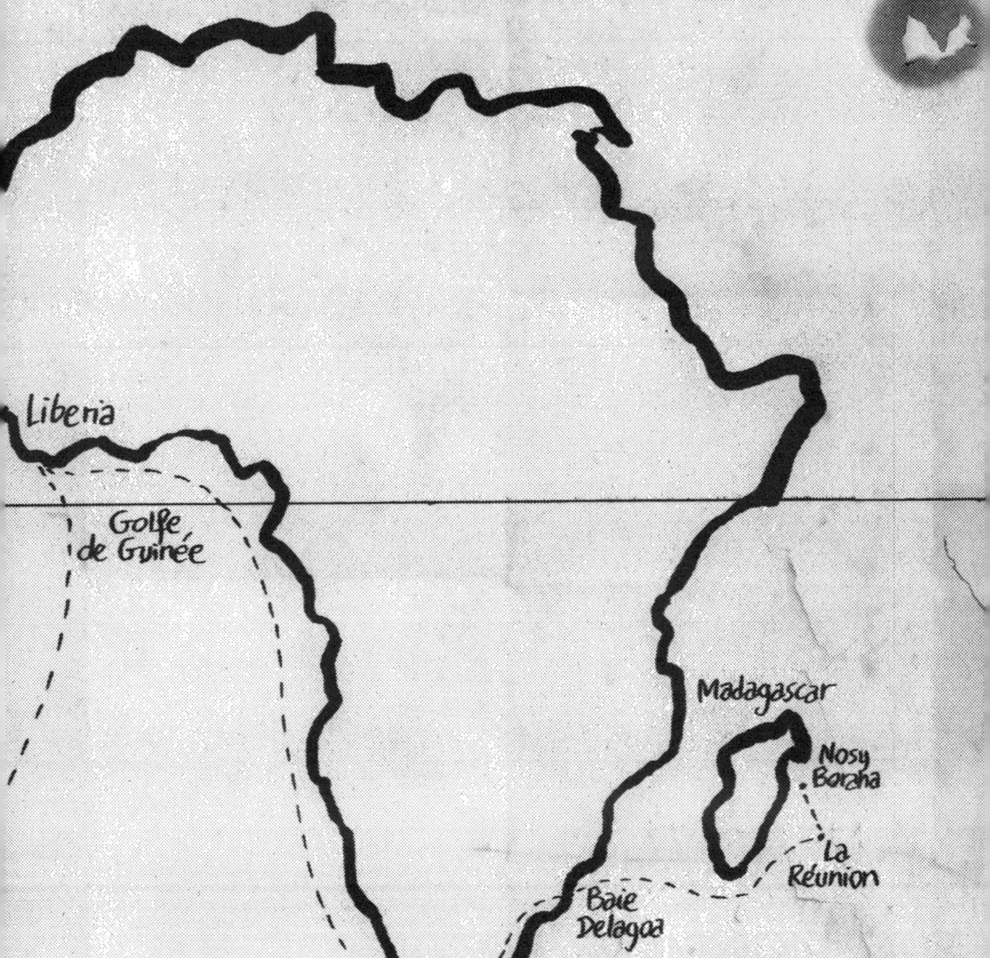
Liberia
Golfe de Guinée
Madagascar
Nosy Borana
La Réunion
Baie Delagoa
Océan Indien
Le Cap
Port Elizabeth

chapitre 50

Parfois, je repense à cet objet que m'avait donné Docteur Blind. Ce sablier qui s'est brisé au fond de ma poche. Je revois le sable couler d'un récipient à l'autre. Se précipiter avant de basculer dans l'entonnoir inférieur. Avec le dernier grain de sable, c'est comme une vie qui s'achève. Mais il suffit de retourner le sablier, et tout recommence à zéro.

chapitre 51

13 septembre 1848. Après avoir trébuché sur la barre à mine tachée de sang et de poussière, je m'enfuis. Si je n'avais pas donné mon enveloppe à Phineas Gage, est-ce que l'accident aurait eu lieu ? Et pourquoi ne l'ai-je pas récupérée ? Dedans, il y avait la traduction du cryptogramme. Il y avait les mots qui conduisent au trésor, et j'ai tout abandonné là-bas. L'explosion tourne en boucle dans ma tête. Le dégoût m'envahit, et je décide de renoncer à tout. Plus question de rentrer chez Rosalie pour attendre Docteur Blind. Plus question d'entendre parler de ce maudit trésor. Il y a des promesses beaucoup trop difficiles à tenir, celle-ci en fait partie. Je veux quitter l'Amérique, m'éloigner de ce continent où on m'a tranché la langue et anéanti mes derniers espoirs. Si mon histoire doit se poursuivre, c'est ailleurs.

Cap vers l'Atlantique, je rejoins New Bedford, puis le port de Nantucket.

C'est l'époque où la ruée vers l'or commence à vider les navires baleiniers. Plutôt que de risquer leur vie en affrontant les tempêtes, de plus en plus d'hommes préfèrent rejoindre la Californie pour tenter de faire fortune. En quelque sorte, je fais le chemin inverse, laissant l'or aux oubliettes pour m'engager comme simple matelot à bord du *Starbuck*, trois-mâts de trois cents tonneaux.

Deux campagnes baleinières plus tard, je me suis mis à croire aux fantômes. Je pense même en être devenu un. La trentaine d'hommes qui compose l'équipage du *Starbuck* réussit sans peine à m'en convaincre : vivre aussi longtemps sur l'océan, c'est être mort parmi les morts, c'est se débattre éternellement avec ses cauchemars. Les miens ont le visage de Phineas Gage. Chaque nuit, je revois le contremaître au crâne traversé par une barre à mine. Et chaque fois qu'une baleine est tuée, son sang se mêle au sang de Gage, ses os à ses os et sa chair à sa chair. Chaque harpon devient une barre à mine. Phineas Gage me hante.

Pourtant, les premières semaines sur l'eau ont un goût de paix. Elles sont douces et monotones. Nous nous laissons porter vers le sud par des vents favorables. Au niveau de l'équateur, l'air se fait plus chaud et plus sec. Les nuages et les albatros se partagent le haut du ciel, la mer grouille de poissons aux nageoires recourbées comme des gâchettes de fusil, les poissons volants chevauchent les vagues, des éperviers criards tombent en spirale pour les cueillir avant la nuit. Sur la route des baleines et des glaces éternelles, le temps s'étire avec la paresse d'un fleuve endormi. Confinés à l'avant, la plupart des matelots trompent l'ennui en gravant des dents et des os de cachalot. Les harponneurs aiguisent leurs pointes. À l'arrière, les officiers ne sortent que très peu, pour distribuer les ordres ou profiter du soir, arpentant le pont en guettant les étoiles.

En longeant les côtes du Brésil et de l'Argentine, je me surprends à écouter les vagues. J'essaie de retrouver les voix qui me parlaient quand j'étais dans un ventre. Ma mère et mon père sont là, quelque part en dessous. Leurs os ont dû s'éparpiller et dériver pendant toutes ces années. Plusieurs fois, j'ai envie de les rejoindre en sautant par-dessus bord. Quelque chose m'en empêche, je n'arrive pas à savoir quoi. Peut-être que c'est eux, mes parents. Peut-être que c'est leurs voix, ou celle de Mbo, ou d'autres voix intérieures, des vivants et des morts qui me veulent du bien. Docteur Blind, Liz, Timpoochee, Clem, Rosalie, Olivier Levasseur... ils sont nombreux à me conseiller de patienter encore.

Puis vient le cap Horn. Une clairière immense entre deux océans. Des vents de l'Atlantique et du

Pacifique qui s'affrontent, fantasques, insensés, violents. Des montagnes d'écume qui se fracassent contre la coque du *Starbuck*. Des hauts-fonds, des îles, des cailloux solitaires, de sinistres silhouettes. Un continent qui s'effrite, se déchiquette. Chaque rafale nous menace. Dans la nuit, on devine les glaciers qui s'effondrent. On est coincés entre un plafond de nuages et des murs de vagues. Les roches sont des mâchoires prêtes à nous mordre. Et quand parfois s'ouvrent des fenêtres de lumière, entre d'épais rideaux de pluie, de neige et de brouillard, on aperçoit des récifs inconnus des cartes marines, des pics rocheux, des monts pelés, des falaises désolées d'où dévalent de vertigineuses cascades.

Plus au nord, un matin où la neige tourbillonne, je vois enfin ma première baleine. Je me souviens encore de ma mère me racontant les baleines à bosse au large de Nosy Boraha. Ces baleines-là venaient de l'Antarctique pour se reproduire. Elles dansaient entre les vagues comme entre les draps d'un lit nuptial. Mais ici, les draps sont un linceul, et on ne danse pas dans un linceul. Ma première baleine à moi tombe en poussière. Ce n'est qu'un simple squelette échoué sur les plages de Patagonie, une imposante colonne vertébrale qui ressemble aux vestiges d'une chapelle en ruine au milieu d'un cimetière.

Même le kraken a déserté les parages.

Les baleines suivantes ne tardent pas, flottant entre deux eaux. De loin, elles ressemblent à des îlots. Ce sont des carcasses, des corps écorchés qui dérivent sous les attaques des rapaces et des requins. Leur puanteur me rappelle que je ne suis pas ici pour les observer, mais pour les tuer. Que nous tous, à bord du *Starbuck*, comme sur tous les autres baleiniers sillonnant les environs, nous sommes des assassins venus remplir nos cales d'huile.

Pour ma mère, les baleines étaient des personnages de légende, qui nous faisaient l'honneur de nous rendre visite durant l'hiver austral. Elles étaient intouchables, pareilles à des mirages, à des ombres. Mais les hommes que je côtoie aujourd'hui ne voient pas les choses de la même manière. Les baleines ne sont pas des ombres, elles sont devenues la nourriture de la lumière. Avec leur huile, on éclaire les grandes villes d'Europe et d'Amérique. On lubrifie les machines. Les dents d'ivoire font des cannes, des manches sculptés, des becs d'ombrelle, des archets de violon. Avec les fanons, on fabrique des corsages et des parapluies. L'ambre gris, prélevé dans l'estomac, sert à fixer les parfums.

Les seules légendes que l'on raconte encore sont celles des baleines qui résistent à plusieurs harponnages. Mocha Dick, puissant cachalot blanc, en est le plus célèbre exemple. Il fréquentait les eaux de l'île

Mocha, au sud du Chili. Tous les harponneurs le craignaient, car d'un coup de nageoire il pouvait les anéantir. Sa furie faisait voler en éclats n'importe quel canot.

Aujourd'hui, on dit que Mocha Dick est mort. Comme on prétend que le kraken n'existe pas. Qu'il n'a jamais existé. Dans un monde où l'on conçoit déjà des harpons à tête explosive, les légendes ont de plus en plus de mal à survivre.

Je survis moi aussi. Je rôde. Je ne rêve même plus, je sommeille. Ou bien je végète. Je meurs. Je fais le mort. Le globe terrestre est devenu le crâne de Phineas Gage, je le traverse du nord au sud et d'est en ouest, pas plus bavard qu'une barre à mine. D'hémisphère en hémisphère. Je ne suis nulle part. Je ne suis personne. Je marque une pause avant d'entamer ma troisième et dernière vie. Je m'évanouis.

chapitre 52

Avant de renaître pour ma troisième vie, je participe au massacre de plus de soixante baleines. Une douzaine de baleines franches, trois baleines grises de Californie, une baleine à bosse, et une cinquantaine de cachalots. Je ne peux pas dire que j'en sois fier, mais il me faut bien avouer que ce genre de chasse, en même temps qu'elle me rebute, me fascine.

Dès les premières semaines, on me trouve suffisamment souple et habile pour ferler le grand perroquet et les autres voiles. Puis je me distingue en repérant, avant tous les autres, une épave à la dérive en pleine tempête. Convaincu de mon excellente vue et de mes talents d'acrobate, le capitaine me confie aussitôt une responsabilité nouvelle. De simple matelot, je passe vigie.

Perché tout en haut du grand mât, cent pieds audessus du pont, j'apprends à mieux connaître les morsures du vent, sa musique féroce, les voiles qui claquent, les vagues qui hurlent et la carène du navire qui chuinte.

Je suis bien. Loin de l'agitation du pont. De la cale qui me répugne, avec son odeur d'huile rance et de sueur qui imprègne les grabats. Loin des puces et des poux, des cafards et des rats. Des mots et des hommes. Je respire. Je sens la terre osciller sous moi. Deux autres vigies sont postés sur les sommets du mât de misaine et du mât d'artimon. À nous trois, on signale les hauts-fonds, les récifs à éviter. Et surtout, les souffles de baleine.

Je peux raconter chaque chasse. Chaque baleine. Je me souviens de toutes, je peux parler de leurs dernières minutes dans les moindres détails. J'ai vu la mer s'illuminer quand elles vivaient encore, j'ai vu les vagues argentées pâlir, puis rougir, quand elles rendaient leur dernier souffle. Toutes m'ont fait frissonner. Mais la seule qui m'importe aujourd'hui est la dernière. Un cachalot qui m'a permis de renaître.

C'est son histoire que je raconte, parce que c'est aussi la mienne. Je suis né dans sa tête, au large de Valparaíso...

– Cachalot en vue !

Dès la première alerte, le *Starbuck* pivote sur sa quille. Trois canots sont mis à l'eau. Dans chacun, quatre hommes à la manœuvre, un officier et un harponneur. Depuis mon observatoire privilégié, je vois les frêles embarcations bondir. Je distingue nettement le cachalot qui bientôt se cabre, et montre son énorme dos noir pareil à une colline. Quand le premier harpon vient se planter dedans, je tressaille. Les eaux deviennent bouillonnantes, blanches d'écume. Le cachalot plonge. La ligne fuse. On la laisse filer en évitant qu'elle ne s'entortille. L'officier y veille, je le devine anxieux. Puis le filin se détend. Les eaux se soulèvent. Je voudrais crier mais je ne peux pas. J'agite nerveusement la clochette qu'on m'a donnée. Sur le pont, un cri relaie mon alarme. Et au même moment, le cachalot refait surface à quelques encablures. On le harponne de nouveau. Plusieurs fois. Je tressaille à chaque coup. Le cachalot expire. Ses jets vaporeux se teintent de rouge, une pluie de sang éclabousse les hommes alentour. Il agonise, on l'achève à coups de lances. Les pointes d'acier vont toutes se loger vers la tête, en un endroit précis que les marins appellent « la vie ».

C'est fini pour cette fois. Le cachalot roule sur le côté, on le remorque. On l'arrime à la coque du *Starbuck*, tête vers la poupe. Des hordes de requins menacent sa carcasse, on les repousse avec des bêches à long manche. Une nuée de vautours de mer assiste au funèbre spectacle, et je descends aider les autres.

La plate-forme des écorcheurs est déjà installée. Avec leurs tranchoirs, les harponneurs commencent le long travail du dépeçage. Dans l'épaisse écorce, ils taillent un trou, accrochent un croc à lard, et découpent autour. Le cachalot est pelé comme un fruit. Un palan aide à hisser son manteau de lard sur le pont. Tout est morcelé, des lamelles de graisse s'entassent, de plus en plus fines, de plus en plus gluantes, avant de finir au fond de grosses bouilloires. La fumée devient vite irrespirable. Le cachalot fond. Son huile encore chaude déborde des barils qu'on entrepose dans les entrailles du navire.

Une fois sa carcasse larguée, emportée par les courants, du cachalot il ne reste plus que la tête. Suspendue à l'arrière du *Starbuck*, comme une monstrueuse figure de proue à l'envers. La mâchoire est dégondée, on récupère les dents, on nettoie l'os. Tout va bientôt disparaître, le cachalot s'émiette. Mais au-dessus du crâne se trouve encore un capuchon de graisse dont il faut s'occuper. Et c'est là que j'interviens.

Ce capuchon aux cellules gorgées d'huile touche le cerveau du cachalot. On l'appelle « le coffre ». Il faut le forcer, car à l'intérieur se niche un précieux trésor : le célèbre spermaceti, cette substance parfumée, pure, utilisée dans la fabrication des bougies. Avec un tranchoir et une hache, on perce une ouverture sur le dessus du coffre. Puis c'est à moi qu'est confiée la tâche délicate de récupérer le spermaceti, seau après seau.

Là-haut, c'est comme au bord d'un puits. Un puits à la margelle huileuse, glissante. Le moindre faux geste vous fait renverser le seau et perdre plusieurs litres de l'onctueux liquide. Le moindre faux pas vous précipite dix ou vingt mètres plus bas. Je connais les risques, c'est au moins la quinzième fois que j'opère. J'ai fait mes preuves.

Et pourtant cette fois-là, je tombe. Mais au lieu de glisser sur la tête bombée du cachalot, je bascule à l'intérieur.

Dans un bain d'huile.

Je me vois déjà noyé par le spermaceti.

Mort dans une chambre d'huile, tout près d'un cerveau de cachalot.

Je panique.

Je coule.

J'agite les jambes et les bras, ma bouche se remplit déjà…

Je ferme les yeux.

Un marin me repêche in extremis à l'aide d'une corde, et en m'expulsant de la cavité huileuse je pousse un cri aigu. Un cri qui ne veut rien dire. Un cri qui ne dit rien. Juste un cri.

Voilà. Ma troisième vie commence exactement ici. Je suis né dans une tête.

chapitre 53

Une heure après cette délivrance, le soleil se couche. Pendant que le lumignon du gaillard d'avant illumine la mâchoire du cachalot comme un trophée, les matelots s'échinent à nettoyer le pont ruisselant d'huile et de sang. J'entre dans la cabine du capitaine, qui m'a fait demander pour s'informer de ma santé.

Se vantant de figurer parmi les rares hommes lettrés de Nantucket, le capitaine Cloots lit et parle l'anglais, l'espagnol et le français. À bord, c'est lui qui fait office de médecin. Il m'a déjà soigné une vilaine plaie sur la joue. Et en voyant ma langue, son verdict a été direct. Selon lui, c'était de l'ordre de l'improbable que je puisse retrouver un jour l'usage de la parole.

– Tout va bien, Antoine ?

– Tout va bien, merci.

– Tout va bien, répète le capitaine en plein dîner.

La bouche pleine, il ne me quitte pas des yeux. Je crois que mon cas l'intrigue. Il déglutit, pose sa fourchette et se lève pour m'examiner de plus près. Mes cheveux paraissent encore poisseux, des grumeaux de spermaceti cristallisé s'y sont accrochés. Mes yeux clignent plus que d'ordinaire, mes paupières suintent deux ou trois larmes d'huile.

– Ouvre la bouche… ordonne le capitaine.

J'obéis. De ses doigts secs, il tâte ma langue. La cicatrice vaut ce qu'elle vaut, mais il semble qu'en matière de chirurgie buccale, un bain de spermaceti puisse faire des merveilles.

– Parle…

– Qu'est-ce que je dois dire ?

– Ce que tu veux. Tu n'as qu'à dire ton nom.

Je me souviens qu'au moment de m'enrôler à bord du *Starbuck*, il fallait que j'inscrive mon nom sur le registre. J'avais écrit *Antoine*. « Antoine comment ? m'avait-on demandé. – Antoine, avais-je répondu. Simplement Antoine. » Je revois l'officier hausser les épaules, avant de passer à autre chose. Et maintenant que j'ai retrouvé la parole, j'aperçois un livre posé près de l'assiette du capitaine Cloots. Un livre écrit en français. *Les Voyages du jeune Anacharsis en Grèce*. Avec ma connaissance approximative de l'orthographe et de la géographie, je lis « Grèce » et je pense « graisse ». Le jeune Anacharsis a voyagé en graisse ? Moi aussi.

– Dis ton nom, insiste le capitaine.

– Je m'appelle Antoine Anacharsis.

– Encore…

– Je m'appelle Antoine Anacharsis. Je m'appelle Antoine Anacharsis. Je…

– C'est bon.

L'état de ma langue le satisfait. Le capitaine retire ses gros doigts moites de ma bouche. Du menton, il désigne son assiette.

– Veux-tu un morceau de cervelle ?

Devant mon embarras, il esquisse un sourire.

– C'est de la baleine, dit-il.

Cette fois, ma mine dégoûtée le fait franchement éclater de rire.

– Alors comme ça, Antoine Anacharsis n'aime pas la cervelle frite ?

Je fais non de la tête. Un vieux réflexe. Avant d'ajouter à mi-voix :

– Sans façon…

chapitre 54

Donc, je m'appelle Antoine Anacharsis. Je suis vivant. Et en novembre de l'année 1854, je débarque au sud du Chili, dans la baie de Valparaíso. Le *Starbuck* y fait une courte escale avant de remonter plus au nord, mais c'est ici que j'interromps ma carrière de matelot.

Pour la première fois depuis longtemps, je me dégourdis les jambes sur la terre ferme, et j'ai faim. Plusieurs pâtisseries épicées me font rapidement oublier la piètre nourriture de ces derniers mois. Je m'aventure sur les quais, au hasard des odeurs et des sons. Ici, on parle toutes les langues. Des dizaines de navires arborent pavillons d'Europe et d'Amérique. Les marins envahissent les ruelles mal famées du port, titubant au bras de prostituées métisses. À un carrefour, je lève la tête. Un brouillard tenace m'empêche de découvrir les hauteurs de la ville. Valparaíso se cache.

En m'éloignant un peu, je traverse une longue rue parallèle à la mer, et visite le quartier des affaires. Les banques succèdent aux compagnies de commerce, les somptueux hôtels aux banques, et les maisons austères aux hôtels. Je longe les façades en observant les gens. Cavaliers pressés, femmes en noir détournant la tête, hommes en redingote. La plupart sont coiffés de chapeaux, certains ont des gants, une canne ou un monocle. Je m'attendais à voir des Indiens, et je ne croise ici qu'Anglais, Allemands, Français, Espagnols et Italiens. New York en minuscule.

Quand la brume se lève, apparaissent enfin les collines alentour, et, plus haut, les contreforts rocheux de la cordillère des Andes. Plusieurs pics neigeux se découpent sur un fond de ciel gris aux nuances violettes. Le vent fait varier les lumières à chaque instant, et je m'arrête un moment pour contempler ces horizons gorgés de pluie. C'est alors qu'une diligence stoppe à ma hauteur. Un couple sort, elle en robe de velours, lui en pantalon blanc, une veste ornée de boutons en métal doré. Bras dessus bras dessous, ils s'éloignent au pas de course vers une vitrine. Le fouet claque, les chevaux s'apprêtent à redémarrer, mais le conducteur contredit aussitôt son ordre en tirant brusquement sur les rênes. La diligence avance d'un mètre, avant de faire une nouvelle halte. Le conducteur me dévisage longuement.

Je le dévisage à mon tour. Casquette vissée sur les oreilles, menton rasé de près, moue dédaigneuse. Toute la partie gauche de son visage semble endormie, la paupière est close, tandis qu'à droite son œil vif trahit la surprise. J'approche d'un pas...

– Phineas Gage ?

Je me frotte les yeux pour m'assurer qu'il ne s'agit pas d'un fantôme. D'un revenant. Six ans se sont écoulés depuis que j'ai assisté à l'accident de Phineas Gage sur le chantier de Cavendish. Six ans à le croire mort, et à me persuader qu'une partie de moi était morte avec lui. Six ans à errer, telle l'ombre de moi-même, sur tous les océans du monde. Six ans de confusion en attendant un signe. Six ans avant de renaître dans une tête. Et nous voilà tous les deux face à face, en chair et en os.

– Phineas Gage ?

– Lui-même. Vous êtes Antoine ?

– Antoine Anacharsis...

Phineas Gage fouille la poche de son veston pour en sortir une enveloppe chiffonnée. Dessus, je reconnais mon écriture. *Je viens de la part d'Olivier Levasseur*, en lettres bleues. C'est le courrier que je lui ai remis en mains propres il y a six ans. Il me le rend. Je l'ouvre machinalement, bien que j'en connaisse le contenu. Il s'agit bien de mon cryptogramme, ou plutôt de la traduction inachevée qu'en a faite Edgar

Poe. Mais le simple contact du papier ravive tant de pénibles souvenirs que j'en ai le cœur pincé.

– Vous l'avez gardée tout ce temps ? je demande.

– Oui. Depuis ce jour. Comme je traîne partout mon diabolique instrument...

Il lâche les rênes, glisse une main sous son siège, et brandit la barre à mine qui lui a traversé le crâne. Tout en tâtant son front de l'autre main, il finit par soupirer.

– Je crois que tous les deux, on a des choses à se dire...

chapitre 55

Aussi invraisemblable que cela puisse paraître, Phineas Gage ne meurt pas le 13 septembre 1848, ni les jours qui suivent. Il ne perd même pas conscience. Sa barre à mine (six kilos, un mètre dix de long et trois centimètres de diamètre) lui traverse bien le crâne, mais très vite il se relève et demande à être conduit à sa chambre. Il perd beaucoup de sang jusqu'à l'arrivée d'un docteur. Dans ses cheveux poisseux, on retrouve des morceaux d'os crâniens. L'hémorragie finit par cesser, mais Gage se met à délirer. Pendant deux semaines, il reste dans un état proche du coma. Tout le monde attend sa mort, mais sa mort ne vient pas.

Début 1849, il vit toujours. Son cerveau est affecté, mais seule la partie gauche de son visage continue de le faire souffrir. Il ne voit plus qu'avec son œil droit, et devient facilement irritable. Son caractère change. Le docteur qui l'examine considère sa santé plutôt bonne, mais note qu'avec une partie de son cerveau ont disparu son sérieux et sa sociabilité. Partout où il va, il traîne avec lui sa barre à mine. Il devient capricieux. Ses amis ne le reconnaissent plus.

Un temps, il figure même parmi les attractions du célèbre musée Barnum de New York, aux côtés de Tom Pouce, des frères siamois Chang et Eng Bunker, et de la Sirène des îles Fidji.

Et puis à partir de 1852, il quitte les États-Unis pour s'engager en tant que conducteur de diligence entre Santiago du Chili et Valparaíso.

C'est là que nos chemins se croisent une deuxième fois.

chapitre 56

Santa-Teresa est un faubourg aux portes de la ville. Phineas Gage y habite une soupente au-dessus des écuries. Deux ou trois fois par semaine, il effectue l'aller-retour entre Valparaíso et Santiago du Chili, en tant que conducteur de diligence. Ce nouveau métier convient à sa nature impatiente. Il m'avoue ne pas tenir en place, dormant peu, préférant toujours être en mouvement. Durant les quelques discussions que j'ai avec lui, tous les deux nous marchons droit devant, lui sa barre à mine sous le bras, moi dévorant un beignet de viande ou une tranche de pastèque.

– Comment es-tu arrivé ici ? me demande Phineas Gage. Tu m'as recherché ?

– Non. Et vous ?

– Jamais. Notre rencontre est donc le fruit du hasard. Tu crois au hasard ?

– Non.

– Moi non plus. Pourquoi m'as-tu apporté ce message à Cavendish, le jour de l'accident ? Pourquoi à moi ?

– Ce sont deux sœurs qui m'ont orienté vers vous. Les sœurs Fox.

– Les sœurs Fox ? Connais pas...

– Je regrette. Toute cette histoire est un malentendu. Le message qui figure dans l'enveloppe est la traduction d'un cryptogramme. Je... à l'époque, je cherchais de l'aide pour le comprendre, et...

– Ne te fatigue pas, j'ai compris ça depuis longtemps. J'ai fait quelques recherches de mon côté. Je sais qui est Olivier Levasseur. Et je devine que ce papier est censé conduire jusqu'à son trésor.

Phineas Gage plante sa barre à mine dans une flaque de poussière, avant de m'attraper violemment le bras. Il serre fort. Son front se plisse, sa bouche se tord quand il me parle.

– Tu vois ma tête ?

Je cherche à me dégager de son étreinte, mais il refuse de lâcher. Ses deux poings se contractent, l'un sur sa barre à mine et l'autre sur mon bras. Il hausse le ton.

– Regarde ma tête. Regarde ! Tu as vu l'accident. Tu as vu le trou que j'avais dans le crâne. Tu as vu le sang et les morceaux de cervelle. Et maintenant, regarde-moi encore...

Son front est en sueur. Son œil valide lance des éclairs. Ses lèvres tremblent.

– Je devrais être mort ! Les docteurs l'ont dit, et pourtant je suis vivant ! Mais tous mes proches pensent que depuis l'accident, je ne suis plus le même…

Ses traits se crispent un peu plus. La fureur se lit sur son visage. Il me déteste. Rien de tout ce qui s'est passé dans sa vie depuis six ans ne serait arrivé sans moi. Si je ne l'avais pas distrait, il aurait fait exploser la roche sans accident. Il aurait continué son travail. Il vivrait là-bas, aux États-Unis. Il serait celui d'avant. À cet instant je crois qu'il va me frapper, me terrasser, me transpercer avec sa barre à mine… Et puis non, il me libère. Il se radoucit. Tête basse. La voix éraillée de quelqu'un de perdu.

– Je ne suis plus Phineas Gage. C'est pour ça que j'ai fui. Et aujourd'hui, je ne sais toujours pas qui je suis.

Changeant d'humeur et de sujet, Gage se renseigne longuement sur les baleines, sur le métier de matelot et celui d'harponneur. Je lui raconte ce que je sais. De taverne en taverne, mes anecdotes se mélangent à la bière. On y passe la nuit, lui toujours debout à boire, et moi à raconter. Entre deux verres, il me demande des précisions à propos du capitaine Cloots, et son désir de participer à une campagne de chasse se fait de plus en plus pressant. D'autant qu'avec sa barre à mine, il prétend être déjà muni d'une sorte de harpon. Voyant sa motivation grandir, je crois lui faire plaisir en lui cédant ma place à bord du *Starbuck*. Mais aussitôt, il prend un air contrarié et abandonne son projet. J'apprends que plusieurs fois par jour, Gage s'imagine un nouveau destin. Son œil s'illumine quelques minutes devant de prometteuses perspectives, et puis s'éteint tout aussi rapidement. À chaque fois, il renonce pour retourner à sa diligence. Valparaíso-Santiago, et retour. Toujours le même trajet, les mêmes haltes et la même poussière. La même existence poudreuse de quelqu'un qui se cherche. Mais entre-temps, il s'exalte, et sa fièvre du départ est parfois contagieuse.

La vie est un cheval, me dit-il. Un cheval furieux, un cheval espiègle, ou un cheval docile. À chacun d'en décider, mais pour avancer il faut l'enfourcher.

Au petit matin, quand je lui confirme ma décision de déserter le *Starbuck*, Gage paraît surpris.

– Tu vas faire quoi ?

– Je ne sais pas encore. Écrire une lettre en Amérique.

– Tu as de la famille là-bas ?

– Oui.

Je pense à Docteur Blind. À Rosalie. À Clem. Je n'ai pas forcément envie de retourner là-bas, mais je me sens coupable d'être parti sans dire où j'allais. Aujourd'hui, je voudrais leur assurer que tout va bien, régler ma dette envers eux en les remerciant pour tout, avant de passer à autre chose.

La diligence est prête à partir. Les chevaux sont attelés, les passagers ont pris place, le conducteur termine de ficeler leurs bagages sur le toit et s'installe à son poste. Je le salue. Peut-être nous reverrons-nous. Dans cette vie, ou dans une autre. Il hésite avant de donner le signal du départ, son œil me fixe avec insistance.

– Une dernière chose. À propos de ton message codé...

J'attends la suite. Plus par politesse que par intérêt. Je me rends compte à quel point ce mystère m'est sorti de la tête. Je ne suis plus le même. Je n'ai plus envie. Ce cryptogramme m'indiffère, ce trésor n'est pas le mien. Il n'est à personne.

– ... c'est comme un puzzle dans le désordre, dit Gage. Ou alors un puzzle dont il manque des pièces.

Il marque une pause. Ajuste sa casquette sur son crâne.

– En quelque sorte, je crois qu'il est arrivé à cette énigme la même chose qu'à mon cerveau. On ne retrouvera jamais les morceaux manquants. Mais la bonne nouvelle, c'est qu'on peut vivre avec ce qui reste !

Je hausse les épaules, ne sachant que répondre.

– Je dis juste ça, continue Gage, parce que je suis convaincu que tu vas trouver ce trésor tout seul.

– C'est du passé, je dis. J'ai décidé d'entamer une nouvelle vie, et je n'ai plus envie de courir après un trésor qui n'existe peut-être même pas.

– Alors tu le trouveras sans le chercher.

Je souris.

– Vous dites ça parce que vous n'avez plus toute votre tête...

– Merci de me le rappeler !

Et éclatant d'un rire franc, faisant claquer son fouet pour lancer les chevaux au galop, Phineas Gage disparaît avec sa diligence, dans un nuage de poussière.

chapitre 57

Dès le lendemain, je m'installe sur un coin de table. À l'aubergiste, je réclame une plume et un peu d'encre. J'ouvre l'enveloppe que m'a rendue Phineas Gage. J'en sors le papier, le défroisse, jette un œil indifférent à la traduction du cryptogramme, puis écris une longue lettre au verso.

Ma très chère Rosalie,

Je viens tardivement te donner des nouvelles. Six ans ont passé depuis mon départ de Rochester. J'ai fui. Ce n'était pas toi que je fuyais, c'étaient mes illusions. J'ai fui autour du monde. À bord d'un navire baleinier, j'ai effectué une première boucle qui m'a conduit jusqu'au Japon, puis en Australie, dans l'océan Indien et le long des côtes africaines. J'ai franchi tous les méridiens. J'ai connu la folie des ouragans, les hurlements du cap Horn, et les chauds alizés. J'ai vu des villes de toutes les tailles et de toutes les couleurs. Des îles où ne pousse aucun arbre. D'autres comme des forêts qui flottent. Des plages couvertes d'algues pourrissantes. J'ai senti l'odeur du sang.

Le parfum de la mort. J'ai tué des baleines. J'ai entendu chanter les hommes (dans toutes les langues, leurs chansons me font frissonner). J'ai même croisé des fantômes.

J'étais parti pour un second tour du monde, et puis voilà que je m'interromps, quelque part au sud de l'Amérique du Sud. Nous sommes le 30 novembre 1854, je loge près des écuries de Pedro Faustino, sur les hauteurs de Valparaíso, et je t'écris. Je crois que je n'ai plus envie de fuir. Ni de fuir, ni de retourner à mes illusions perdues. Il y a une chose toute simple qui m'a traversé l'esprit ces dernières heures. Une chose élémentaire : mes racines me manquent. L'Afrique me manque. Je n'ai encore jamais vu Nosy Boraha, l'île où ma mère est née.

Au dos de cette lettre, tu trouveras la traduction incomplète d'un cryptogramme. C'est celui qui nous a tourné la tête, à Docteur Blind et à moi. Tu peux le lui donner. Ou le garder pour toi. Ou le jeter, ça m'est bien égal. Je l'avais perdu et je viens seulement de le récupérer, après toutes ces années, mais j'ai décidé de ne plus m'y intéresser. Un jour, tu m'as dit que ce trésor est vieux de plus d'un siècle, et qu'il y a mieux à faire que de lui courir après. Tu avais raison. Il y a tant à faire. Il y a le monde qui est en marche. Aujourd'hui, j'ai envie de m'inventer une vie plus douce. Si chacun en fait autant, peut-être que le monde cessera de tourner de travers. Je suis naïf mais sincère. J'ai envie de m'enraciner quelque part. Avec Docteur Blind, j'ai appris à lire les mots. Avec les marins, à lire les étoiles. Il me reste à lire les arbres. Les pierres. Et les rivières.

Dès que j'aurai réussi à me poser, je t'écrirai pour te donner une adresse si tu veux m'écrire. En attendant, je t'embrasse. Transmets mon affection à Docteur Blind.

Antoine

Mon courrier part trois jours plus tard, emporté par le steamer *Acapulco*, qui fait route avec escale de Valparaíso à San Francisco. Les deux mois suivants, je reste aux alentours de Valparaíso. J'évite Phineas Gage. Mon existence se résume à de longues siestes entrecoupées de promenades et de copieux repas. J'observe les gens. Je les écoute me raconter leur vie. Je flâne. J'achète de nouveaux habits. Mon argent fond comme neige au soleil, mes poches seront bientôt vides, et je commence à m'ennuyer. Alors je cherche une issue.

En flânant sur le port, je m'informe auprès des marins. Où va ce bateau ? Et celui-ci ? À quand le départ ? Pour quelle destination ? Et puis, le 8 février 1855, l'aubergiste m'apporte du courrier. Une longue lettre signée Docteur Blind.

Antoine ! Mon très cher ! Tu ne devineras jamais tout le bien que m'a procuré ta lettre. Je l'ai lue et relue, je l'ai humée, je l'ai portée à mes lèvres et j'en ai pleuré d'émotion. Toi vivant ! Libre ! Après toutes ces années à espérer…

Et que dire en découvrant le verso de ta lettre ? Cette traduction du cryptogramme est déroutante, inespérée !

Elle m'excite, elle me rend fou ! Tu dis que tu ne t'intéresses plus à ton trésor, mais je ne veux pas croire une seconde à ce grossier mensonge. Cette traduction est truffée d'indices, Antoine. *Comment peux-tu ne pas t'en rendre compte ?*

J'aimerais tant te rejoindre sur-le-champ pour t'aider à résoudre cette énigme. J'aimerais tant en avoir la force. Hélas… J'ai passé l'âge de courir sur tous les méridiens du monde… Mes jambes m'abandonnent, mes articulations se rouillent. Toutes ces années m'ont usé, je ne regrette rien mais il est temps pour moi de me poser. Sans doute vais-je finir mes jours à Rochester, *chez ma nièce* Rosalie. *Mais toi, je t'en conjure, ne renonce à rien. Crois en ton trésor,* Antoine. *Tu le découvriras tout seul, j'en suis certain… Patience ! Et n'oublie pas de m'avertir quand tu l'auras trouvé !*

Docteur Blind

P.-S. *: Je te renvoie le cryptogramme traduit. J'en ai fait une copie, au cas où. J'ai même commencé à l'étudier. Au moins as-tu pris le temps de compter combien de fois apparaît chaque lettre de l'alphabet ? Je l'ai fait ! De ces totaux résultent des combinaisons pleines de promesses, que l'on peut interpréter comme des degrés de latitude et de longitude, censés indiquer l'endroit où* La Buse *a caché son trésor. Par exemple, avec les lettres* BUSE, *on obtient* 49° 02 *de longitude est et* 24° 96 *de latitude sud. Soit quelque part au beau milieu de l'océan* Indien, *pas très loin de* Madagascar. *Que le kraken me croque tout cru si tu n'as pas repris confiance avec cette* *nouvelle piste ! Le trésor est à ta portée, Antoine. Il est temps de reprendre les choses où ton ancêtre les a laissées. Qu'en penses-tu ?*

Je ne pense rien. Je n'arrive pas à penser. Je me contente de replier la lettre. Je la range, avec la traduction du cryptogramme, dans son enveloppe, au fond d'une poche de ma veste. Et je marche. Toute la soirée, j'arpente les rues de Valparaíso, en ne pensant à rien d'autre qu'à marcher. Je marche jusqu'à l'épuisement. Et de retour à l'auberge, les pieds meurtris et la tête vide, une larme coule sur ma joue. Je tombe de sommeil.

chapitre 58

« La vie est un cheval, me disait Phineas Gage. Un cheval furieux, un cheval espiègle, ou un cheval docile. À chacun d'en décider, mais pour avancer il faut l'enfourcher. »

Dans mes rêves agités, je chevauche une mule capricieuse sur un chemin désert. Docteur Blind me court après. Rosalie l'accompagne. Ils sont tous les deux rejoints par une diligence que conduit Phineas Gage. À l'intérieur, ça rigole. Ça hurle et ça piaille.

– Ohé ! crie Timpoochee.

À la fenêtre, les sœurs Fox pointent le bout de leur nez. J'aperçois également Edgar Allan Poe. Et Clem. Et miss Bridges, et Liz, au bras d'Astor. Ma mule trottine mollement, et ils me rejoignent tous. Irrésistiblement, mon passé me rattrape. Un éclair déchire le ciel, et l'instant d'après le fantôme d'Olivier Levasseur surgit sur le toit de la diligence.

Mes ancêtres s'accrochent à moi.

Je suis traqué.

– Mes trésors à qui saura comprendre ! s'écrie Levasseur.

Et il jette un parchemin dans ma direction.

Le papier s'envole.

Il tourne.

Il tourne autour de ma tête.

Il plane.

Il plane près de mes yeux.

Dessus, le cryptogramme clignote en caractères lumineux.

Ce n'est plus moi qui cherche un trésor, c'est le trésor qui me poursuit.

chapitre 59

Les jours suivants, je relis la lettre plusieurs fois. Que me dit exactement Docteur Blind ? Et mon rêve ? Qu'est-ce que je dois en tirer comme conclusion ?

Que le trésor existe, alors que je n'avais plus envie de croire qu'il existe. Que quoi que je fasse pour essayer de l'oublier, ce trésor me poursuivra jusqu'au bout du monde, jusque dans les entrailles de la terre, jusqu'à ma dernière mort. Je n'ai pas le choix. Le cryptogramme est là, entre mes mains. Dans une traduction énigmatique, mais qui laisse tout imaginer. Tout et son contraire. Je peux le déchirer, le piétiner, le ratatiner, le brûler, le perdre ou le donner, il me reviendra toujours. Comme un boomerang. Son mystère m'accompagnera sans cesse. Parce que c'est mon histoire. Que je le veuille ou non.

Durant un mois, j'essaie malgré tout d'oublier. J'apprends à parler des rudiments d'espagnol, d'allemand et d'italien.

Durant un autre mois, je me déplace sans cesse pour essayer de penser à autre chose. En m'aventurant jusqu'à Santiago du Chili, je m'attends à croiser Phineas Gage, mais il semble avoir disparu. Je me surprends à le chercher. Est-ce que j'ai quelque chose à lui dire ? Non. Je crois que je cherche tout simplement de la compagnie. Quelqu'un avec qui partager mes secrets. La lettre de Docteur Blind ne me quitte plus. Avec la traduction du cryptogramme, elle remplit la poche intérieure de ma veste, côté cœur.

Durant une saison entière, je fais semblant d'avoir réussi à tout oublier. Je songe à un nouveau métier. L'aubergiste Pedro Faustino m'embauche comme garçon à tout faire. J'apprends à cuisiner, à seller les chevaux, à repeindre un mur à la chaux.

Une année passe, et je dois bien me rendre à l'évidence : il y a des choses auxquelles on ne peut pas renoncer. L'énigme du trésor de La Buse en fait partie, elle me colle définitivement à la peau. Alors, puisqu'il m'est devenu impossible de me débarrasser de ce mystère, je me résous à tout tenter pour le percer.

1856 est une année studieuse. J'applique les conseils de Docteur Blind, qui dans sa lettre me suggère de compter combien de fois apparaît chaque lettre de l'alphabet. En marge du cryptogramme, j'aligne donc les chiffres.

A - 24 / B - 2 / C - 12 / D - 18 / E - 96 / F - 15 / G - 6 / H - 7 / I - 33 / J - 5 / K - 4 / L - 26 / M - 15 / N - 38 / O - 28 / P - 15 / Q - 9 / R - 39 / S - 24 / T - 37 / U - 49 / V - 11 / W - 0 / X - 0 / Y - 0 / Z - 5

Et derrière tous ces chiffres, je m'efforce de deviner une combinaison secrète.

Avec les lettres *BUSE* : 49° 02 de longitude est, et 24° 96 de latitude sud (pas très loin de Madagascar). Ou bien 02° 49 de longitude est, et 24° 96 de latitude sud (quelque part au large du désert de Namibie).

Avec les lettres *TAAN* : 37° 24 de longitude est, et 24° 38 de latitude sud (pas très loin de la baie de Delagoa, où mon père et ma mère furent faits prisonniers puis esclaves, et où ils rencontrèrent cette femme aveugle nommée Zana).

Avec les lettres *ZANA*, 24° 05 de longitude est, et 38° 24 de latitude sud (pas très loin de Zanzibar).

Avec les lettres les plus nombreuses, *E*, *U*, *R*, *N* : 96° 49 de longitude est, et 39° 38 de latitude sud (quelque part au beau milieu de l'océan Indien).

1856 se termine, et je m'épuise à décortiquer le cryptogramme, encore et encore. Parfois je doute. Je me décourage. Je reprends alors la lettre de Docteur Blind, et ses mots m'apportent un peu de réconfort. « Patience ! Patience ! » Je fais semblant d'y croire. Je réussis à m'en convaincre. Je rumine, à l'affût de la moindre piste.

« Il est temps de reprendre les choses où ton ancêtre les a laissées » , conclut Docteur Blind dans sa lettre.

C'est-à-dire ?

C'est-à-dire dans l'océan Indien. Là où meurt Olivier Levasseur. Là où il abandonne son cryptogramme en s'écriant sa célèbre phrase, « Mes trésors à qui saura comprendre »... Là où mon père et ma mère sont nés. Là où j'ai commencé ma première vie, à peine plus gros qu'un haricot.

1856 se termine, j'ai un quart de siècle, et je me prépare à mon dernier voyage. J'écris à Docteur Blind pour lui en faire part. J'ai la conviction que tout s'éclaircira là-bas, sur la terre de mes ancêtres. Le 6 avril 1857, j'embarque à bord du *Water Music*, navire de commerce anglais, commandé par le capitaine Park. Destination l'Afrique. Retour à la case départ.

chapitre 60

Une fois passé le cap Horn, le *Water Music* remonte l'Argentine jusqu'à Buenos Aires. Il y fait une courte escale pour charger des rails, des chapeaux, du savon, un piano et quantité d'autres babioles. Deux nouveaux passagers grimpent à bord. Un marin m'apprend qu'il s'agit d'un jeune couple de mariés. Des Italiens. Les deux tourtereaux s'enferment aussitôt dans leur cabine.

– Ils roucoulent, me confie le capitaine en m'adressant un clin d'œil.

Les premiers jours de notre traversée de l'Atlantique, je continue d'analyser le cryptogramme comme si chaque mot, chaque caractère, composait un récif au milieu d'une carte marine. Pour prendre des repères, j'emprunte un globe terrestre au capitaine. En étudiant cette boule bleue et verte, je me souviens de ce que m'avait dit ma mère quand j'étais encore dans son ventre. Elle m'avait décrit le monde comme un fruit rond. Elle avait ajouté que ce fruit tourne sur lui-même et autour du soleil pour mûrir équitablement. Et plus tard, sur le bateau qui nous faisait traverser l'Atlantique, elle m'avait aussi expliqué que l'équateur, c'est là où le couteau doit trancher pour partager en deux le fruit rond. Mais elle ne m'avait pas parlé des méridiens, des latitudes et des longitudes, ces lignes imaginaires qui quadrillent le globe, comme le couteau lorsqu'il épluche un fruit. Elle ne m'avait pas dit qu'on pouvait éplucher le monde.

Et aujourd'hui, j'épluche le monde. Je vais, je viens, aussi tranchant que le couteau. De l'Atlantique à l'océan Indien. Mes recherches se multiplient, je note tout sur un petit carnet. Au fur et à mesure que les pages se remplissent, j'essaie de faire le tri dans mes pensées, et certaines hypothèses me donnent le vertige.

Par exemple, pourquoi Olivier Levasseur insista auprès de mon arrière-arrière-arrière-grand-mère pour que sa fille s'appelle Nova ? J'ai peut-être une réponse. Levasseur a voulu que sa fille s'appelle Nova pour nous mettre sur la piste de son trésor. Dans le cryptogramme, je compte 38 *N*, 28 O, 11 *V*, et 24 *A*. Ce qui donne 38° 28 de longitude est et 11° 24 de latitude sud... Soit quelque part au nord du Mozambique.

Chaque fois que je découvre une nouvelle piste, je jubile. Qu'il pleuve ou qu'il vente, je fais les cent pas sur le pont. La tête me tourne. Je relis mes notes vingt fois de suite, et j'ai l'impression que le trésor est là, au bout de mes doigts. Je brûle d'envie de tout raconter et de sauter au cou du premier venu… un marin, le capitaine, ou même les seuls passagers à bord, ces jeunes mariés italiens qui commencent à sortir timidement de leur cabine. Au lieu de quoi je marmonne tout seul, jusqu'au milieu de la nuit. Je confie mes secrets aux étoiles, avant de m'endormir exalté.

Au petit matin, mon enthousiasme est déjà retombé. Je plonge le nez dans mon carnet, je me noie dans les chiffres, et je finis par rigoler tout seul. Comment peut-on être assez naïf pour croire que ces indices, ou ces simples coïncidences, mènent jusqu'à un trésor ?

Un œil sur l'horizon, j'essaie de me remotiver. Je parle tout seul, enchaînant les questions et les réponses, dans un murmure.

– Tu avais promis.

– Je n'ai jamais rien promis.

– Si. Tu as promis que tu irais jusqu'au bout. Que tu trouverais ce trésor.

– Que signifie une promesse ? On ne devrait jamais rien promettre. Nos vies nous échappent.

– Je pense le contraire. Il faut aller jusqu'au bout, ne rien abandonner.

Les jours passent. Le *Water Music* passe au large de l'île Tristan da Cunha, à mi-chemin entre deux continents, et remonte plein nord. Une après-midi que je traîne sur le pont, la jeune mariée italienne prend l'air et me surprend en train d'observer les vagues.

– Vous parlez à qui ?

Sa question me laisse sans voix, et je délaisse les vagues pour dévisager la belle inconnue. Sa robe semble trop grande. Les plis du tissu dissimulent tout son corps, qui paraît chétif. Son visage est celui d'une enfant qu'on aurait obligée à se déguiser en mariée.

– Vous passez beaucoup de temps à regarder la mer, insiste la fille. On dirait que vous lui parlez. On dirait que vous avez rendez-vous avec quelqu'un !

– Oui, peut-être. Peut-être que j'ai rendez-vous avec le kraken.

– Le kraken ? Qu'est-ce que c'est que ça ?

– Un monstre marin. Avec des tentacules plus grosses et plus longues que les mâts de ce bateau.

La jeune mariée a des yeux apeurés. Elle hésite à me croire.

– C'est une légende, je dis pour la rassurer. Le kraken n'existe pas.

Ce soir-là, en retournant à mes recherches, j'écris le mot *KRAKEN* en marge du cryptogramme. Je compte 4 *K*, 39 *R*, 24 *A*, 96 *E* et 38 *N*. 4392449638, un chiffre parmi d'autres... La vérité, c'est que ce trésor me rend fou. Je deviens fou. C'est la fièvre qui me fait délirer ainsi. La fièvre de l'or. Les théories que j'élabore ne sont que pur fantasme. Je suis pareil à Phineas Gage, avec quelques morceaux de cerveau en moins.

Le lendemain, la jeune mariée revient me voir à la proue du bateau.

– J'ai demandé à mon mari. Il m'a confirmé que le kraken n'existe pas.

– Vous en doutiez ?

– Oui.

– Et vous n'en doutez plus ?

Je m'approche d'elle. Jusqu'à sentir son souffle. La jeune mariée détourne la tête pour cacher son trouble.

– Je ne sais pas...

D'une main innocente, j'effleure son bras, et je la sens trembler.

– Je résume. La question est de savoir si une créature capable de faire chavirer n'importe quel bateau existe. On pourrait tout aussi bien s'interroger sur l'existence de l'amour. L'amour est-il capable de faire chavirer n'importe quel cœur ?

– Pourquoi dites-vous ça ?

Je hausse les épaules. Son mari surgit à l'autre bout du pont.

– Agostina !

En découvrant sa femme à mes côtés, il nous jette à tous deux un regard rempli de haine. Agostina s'empresse de le rejoindre, obéissante et honteuse.

Elle revient le jour suivant. Et celui d'après. Elle revient tous les jours de notre traversée, pour une poignée de minutes seulement à chaque fois, dès que son mari lui en laisse l'occasion.

– Où allez-vous ? finit-elle par demander.

– Je retourne d'où je viens. Où mon père et ma mère sont nés.

De soudaines bourrasques nous décoiffent. La mer se couvre d'écume, et je complète ma réponse en regardant dans le lointain.

– À moins que je ne change d'avis. Je pourrais tout aussi bien me laisser aller, et plonger sous ces eaux noires. Histoire de vérifier si le kraken existe ou pas.

Et après deux longues minutes de silence, deux minutes qui s'étirent et semblent ne plus jamais finir, Agostina me frôle.

– Je peux venir avec vous ?

Sa question me vrille le cœur. Son regard se perd entre deux rafales. Il plonge. Il s'enfonce dans les profondeurs.

Et puis son regard revient.

Agostina remonte à la surface.

Un fragile sourire lui échappe, et c'est comme si ses yeux, rieurs et lumineux, m'apprenaient un mot que j'avais depuis longtemps oublié. La douceur.

chapitre 61

En remontant vers l'équateur, le *Water Music* prend de la vitesse, poussé par des vents du sud. Agostina et moi, nous nous croisons plus souvent. Petit à petit, nous nous confions nos secrets. Je lui parle du trésor, et elle me révèle la face cachée de son mariage. Nulle trace d'amour dans cette union forcée. Seules la volonté de sa famille, des commerçants de Naples, et celle de son mari, un riche militaire. Agostina me décrit celui avec qui elle est censée vivre jusqu'à la fin de ses jours, et en l'écoutant j'ai l'impression d'entendre une esclave parler de son maître.

– Et ce trésor, dit-elle pour changer de sujet. Il existe vraiment ?

Je sors mon carnet, le feuillette, et l'ouvre à la page du cryptogramme et de sa traduction. Elle y jette un œil distrait.

– Vous vous intéressez à moi, ou à mon trésor ?

Agostina me sourit. Dans son élan elle prend mes mains, noue ses doigts aux miens, puis les retire aussi vite en rougissant.

Nos regards se font de plus en plus insistants, nos gestes nous trahissent et je réalise, avec gêne et ravissement, que nos cœurs déchirés se ressemblent et se répondent. Nous sommes, irrésistiblement, en train de tomber amoureux.

– Agostina. L'autre jour, vous m'avez demandé où j'allais, et...

– Je me rappelle. Et vous m'avez donné deux réponses.

– Exactement. Je vous ai répondu que j'allais sur la terre où sont nés mes parents....

– ... ou bien dans ces eaux noires, vous noyer, histoire de savoir si le kraken existe ou pas.

– Alors aujourd'hui je dois vous faire un aveu.

– Un aveu ?

Agostina me fixe, et dans ses yeux je devine une vague frayeur.

– Voilà. Le kraken existe. Je l'ai déjà vu. Ce qui signifie que je n'ai nullement besoin d'aller visiter ces eaux noires. Là où je vais, c'est sur une île des mers du Sud.

Agostina laisse échapper un petit rire de soulagement. Et puis, sans me lâcher des yeux, elle repose sa question de l'autre jour. Mais cette fois en me tutoyant.

– Je peux venir avec toi ?

Agostina. J'écris son nom sur les pages de mon carnet. Agostina, Agostina, Agostina. Tina. 37 *T*,

33 *I*, 38 *N* et 24 A. 37° 33 de longitude est, et 38° 24 de latitude sud. Pile entre l'Atlantique et l'océan Indien.

Le 24 juillet 1857, le capitaine Park nous invite à sa table. Agostina, son mari et moi. Nous approchons du golfe de Guinée, et notre voyage touche à sa fin. Déroulant une carte sous nos yeux, Park promène son doigt non loin des côtes africaines, et stoppe au croisement entre l'équateur et le méridien de Greenwich.

– Voici la position actuelle du *Water Music*, déclare fièrement notre hôte. C'est le point zéro. 0° de longitude est ou ouest, et 0° de latitude sud ou nord. Alors trinquons !

Nous vidons nos verres et, entre deux gorgées, le mari d'Agostina croit bon de rappeler que ce point zéro est arbitraire.

– À moitié seulement, corrige le capitaine. L'équateur n'est pas défini de manière arbitraire.

– Mais les méridiens, si, sourit l'Italien.

– Je n'y comprends rien ! rigole Agostina.

– Votre mari a raison, dit le capitaine. Jusqu'à preuve du contraire, il n'y a pas qu'un seul méridien d'origine. Ou méridien zéro. Nous autres Anglais utilisons celui de Greenwich, mais ce n'est pas le cas partout.

Me voyant blêmir, Agostina pose son verre.

– Quelque chose ne va pas ? s'inquiète Park.

– Si si. Je...

Agostina blêmit à son tour. Ses yeux s'ouvrent en grand. Elle doit penser que je suis sur le point de révéler nos secrets à son mari. Que notre histoire va prendre fin avant même de commencer. Que je vais tout gâcher. Elle m'implore de me taire, mais il ne s'agit pas du tout de ce qu'elle croit. Je me racle la gorge avant de continuer.

– Très bien. Alors supposons que je suis un pirate français du début du XVIIIe siècle…

Cette fois c'est le mari d'Agostina qui blêmit.

– Ce n'est qu'une supposition… Quel méridien j'aurais utilisé à l'époque pour calculer mes longitudes et mes latitudes ?

– Sans doute celui de Paris, réplique Park.

– Et l'écart est de combien avec celui de Greenwich ?

– Plus de deux degrés.

Je vide mon verre d'un trait, et souffle un grand coup. Deux degrés. Dans mon carnet, tous mes calculs sont faux de plusieurs degrés.

– Un autre verre ? propose le capitaine.

Lui et l'Italien entament une deuxième bouteille, puis une troisième. Plusieurs degrés nous séparent. Agostina et moi, on les regarde s'enivrer d'alcool et de méridiens.

– Celui de Rome a douze degrés de différence, précise l'Italien.

– Mais il y a peu de chance qu'un pirate français l'ait utilisé, dit Park.

– À moins qu'il ne partage le commandement avec un Italien.

– Certes.

– Et s'il partage le commandement avec un Brésilien, il peut tout aussi bien se fier au méridien de Rio de Janeiro. 43 degrés à l'ouest.

– Je vois que vous vous y connaissez. Un dernier verre ?

– Pourquoi le dernier ? La nuit ne fait que commencer !

Peu après minuit, Agostina profite des ronflements de son mari qui cuve son vin, pour s'éclipser et me rejoindre. Par le hublot de ma cabine, des éclats de lune se reflètent sur son visage. Elle promène ses doigts dans la broussaille de mes cheveux. Je laisse glisser mes lèvres sur sa peau. Nos yeux se touchent. Nos corps se mélangent.

– Tu ne m'as toujours pas répondu, dit-elle en chuchotant.

– Quelle était la question ?

– Je peux venir avec toi ?

– Tu peux. Mais je n'ai rien à te promettre.

– Je n'attends aucune promesse.

– Connais-tu les baleines à bosse ?

– Non.

– Et leur parade nuptiale ? Et leurs jeux acrobatiques ?

– Jamais entendu parler.

– Alors je te les montrerai un jour. Sur mon île, à Nosy Boraha. Je te le promets.

chapitre 62

Trois jours plus tard, nous abordons les côtes occidentales de l'Afrique, pour faire escale dans un pays tout neuf, le Liberia, fondé par d'anciens esclaves américains.

C'est là que nous nous enfuyons, Agostina et moi.

Avant de partir, j'arrache un mot de mon carnet pour laisser un message à l'intention du mari italien. Dessus, je recopie le cryptogramme, accompagné de quelques mots.

Ce trésor n'appartient à personne.

Agostina non plus.

Bonne chance.

Dans la nuit du 1er au 2 août 1857, je négocie deux places à bord du *Baltus*, pavillon néerlandais, qui fait route plus au sud, en direction des terres de mes ancêtres. Pas de cabine, nous voyageons trois semaines durant sous une bâche accrochée au mât de misaine. Agostina surveille l'horizon en se rongeant les ongles. Elle s'attend à ce que son mari la poursuive. Elle craint qu'il ne remue ciel et terre pour la reconquérir. Ou bien peut-être qu'elle le désire.

– Tu le regrettes ?

– Non. Je ne me rappelle même plus son visage.

– Tu aurais peut-être fini par l'aimer.

– …

– Tu aurais appris.

– Tais-toi. J'apprends plus vite avec toi.

Jusqu'au début de l'année 1858, je remplis mon carnet. Jusqu'à la dernière feuille. Escale après escale. Je le referme au Cap, en Afrique du Sud. J'ai refait tous mes calculs à partir du méridien de Paris. J'ai aussi essayé avec celui de Lisbonne. J'ai même inventé un nouveau méridien, celui de Nosy Boraha. Mon carnet déborde aujourd'hui de chiffres et de suppositions, de recoupements approximatifs et de trajectoires improbables.

Par où commencer ?

Et Agostina, constatant mon trouble, m'offre une liasse de feuillets vierges. Un cahier épais, plus large qu'une tête, à la couverture jaune, qu'elle conservait dans son balluchon.

– Pour écrire tes trois vies.

– Et le trésor ? je demande.

Elle caresse son ventre et me sourit étrangement.

– Le trésor est avec moi.

chapitre 63

Du jour où j'apprends que nous allons être parents, je délaisse le cryptogramme et le trésor. Je ne cherche plus, j'attends. Et pour patienter, j'entame la rédaction de mon histoire. Agostina m'encourage, elle veut que je dise tout dans les moindres détails. Sur la première page, je dessine un kraken. J'écris tout ce que je sais. Dans le désordre de mes souvenirs, il y a de la place pour mes rêves, mes illusions et mes espoirs. Mes joies et mes humiliations. Je raconte tout depuis le premier jour. J'écris sans rature, sans me relire, sans me corriger, du chapitre 1 jusqu'au chapitre 63.

La vérité, c'est que j'ai le cœur léger. J'en ai presque honte, mais depuis que je ne pense plus au cryptogramme, je me sens soulagé. Lavé. Libéré d'un grand poids. Dans mon cœur, il n'y a plus qu'Agostina et son ventre rond...

– C'est un garçon ou une fille ?

– Un garçon.

– Comment le sais-tu ?

– Je lui parle. Et il me répond.

Je pose ma tête sur le ventre d'Agostina avant de chuchoter.

– Tu es un petit kraken.

Et j'avance.

Nous avançons.

Je sais maintenant pourquoi il faut continuer d'avancer. Je sais ce que cette troisième vie me réserve, et qu'il n'y en aura pas d'autre. Je ne veux pas d'une quatrième vie. Je veux que dure la troisième, plus douce, plus tranquille, auprès d'Agostina, et auprès d'un petit kraken que je pourrai chatouiller sous les bras.

chapitre 64

Ma troisième vie est loin d'être finie, mais pour être franc je n'avais pas l'intention d'écrire ce chapitre 64. Si je le fais aujourd'hui, des années plus tard, c'est parce qu'Agostina a insisté. Elle trouve ça vexant de constater que je termine mon histoire au moment où nous commençons à nous aimer. Comme si ma vie avec elle n'avait plus d'importance. Comme si plus rien ne s'était passé après, qu'on en restait là, avant la naissance de notre premier enfant. Elle a sans doute raison, je me dois de rectifier cette injustice. Mais aujourd'hui j'ai trop à faire (vous comprendrez pourquoi en lisant ce tout dernier chapitre jusqu'au bout), c'est pourquoi je me contente de résumer rapidement. J'écris en pointillés.

…

Après notre séjour à la pointe sud du continent africain, des pêcheurs nous aident à poursuivre notre route. Barques et pirogues nous conduisent vers l'est.

Cesare naît le 16 juin 1858 dans la récente ville de Port Elizabeth. Pour subvenir à nos besoins, je travaille ici et là, chargeant et déchargeant des bateaux principalement anglais.

Trois ans plus tard, nous atteignons le Mozambique, pas très loin de la baie de Delagoa. Les marchands d'esclaves se font plus discrets, mais ils sont toujours là. Un armateur anglais, qui a vécu à New York, s'étonne de m'entendre parler avec un tel accent. Pour gagner sa confiance, je lui raconte brièvement une partie de mon histoire en Amérique. Il hésite à me croire, mais au bout du compte, il décide de nous aider, ma petite famille et moi. Il me propose de nous débarquer où bon nous semble, pourvu que ce soit sur sa route. Au passage, je récupère grâce à lui plusieurs journaux qui me permettent de prendre le pouls du monde. L'un d'eux prévient d'une guerre imminente aux États-Unis, entre les États du Sud (esclavagistes) et les États du Nord (abolitionnistes). Nous sommes au milieu de l'année 1861, et Agostina tombe bientôt enceinte une deuxième fois. Elle annonce un deuxième garçon, je pronostique une fille.

Nova (c'est son nom, avec un seul *a* comme son arrière-arrière-arrière-arrière grand-mère) naît le 9 avril 1862 à Saint-Denis, sur l'île Bourbon, renommée depuis peu île de la Réunion.

L'année suivante, je suis embauché sur le chantier du Ti Train, cent vingt-six kilomètres de chemin de fer reliant Saint-Benoît à Saint-Pierre. Treize gares et un pont de 520 mètres sont à construire, sans compter plus de dix kilomètres de tunnels entre Saint-Denis et La Possession. C'est moi qui suis chargé de faire sauter les obstacles à l'explosif.

Le 9 avril 1865, la bataille d'Appomattox met officiellement fin à la guerre de Sécession. L'esclavage est aboli aux États-Unis. J'ai une pensée particulière pour Liz. Et comme c'est aussi le troisième anniversaire de Nova, je lui offre un petit chapeau avec une plume de paon.

Durant mes jours de repos, nous avons pris l'habitude de pique-niquer en famille sur une plage, pas très loin du cimetière des pirates où est censé être enterré mon ancêtre Olivier Levasseur. Nova joue autour de son chapeau, Cesare défie les vagues avec un bout de bois flotté, et Agostina trace des traits sur le sable. Elle dessine un énorme poisson.

– Tu m'avais promis…

– Qu'est-ce que je t'avais promis ?

– De me montrer Nosy Boraha et la parade nuptiale des baleines à bosse.

– Je ne me souviens pas de cette promesse. Mais si tu veux voir des baleines, il y en a ici aussi.

Agostina tourne la tête vers l'océan. Elle fait la moue. Je la prends par la taille, en lui assurant que je tiens toujours mes promesses.

J'ai à peine dit ça que je le regrette.

Et puis non, j'ai à peine le temps de le regretter que, dès le surlendemain, je tiens ma plus ancienne promesse, qui me permettra par la suite de tenir toutes les autres.

11 avril 1865. Parce que j'arrive avec une demi-heure de retard sur le chantier du Ti Train, le contremaître me supprime la pause du midi. À l'heure du déjeuner, tous les autres mangent à l'écart, et je reste seul au fond d'une ravine, avec pour mission de faire exploser une roche aussi grosse qu'une locomotive. Je m'applique. Choisis une faille. Y bourre la poudre noire avec la barre à mine. Y ajoute une poignée de sable (une petite pensée pour Phineas Gage). Je m'apprête à enflammer le tout, lorsque je m'aperçois que la faille que j'ai choisie se prolonge à l'intérieur de la roche. En grattant dessous, je découvre un passage et m'y faufile. Je tâtonne. Je m'agenouille. Mon cœur s'arrête de battre un instant.

Rien ne me dit qu'il s'agit de celui de La Buse, mais peu importe, je viens de découvrir un trésor. Un véritable trésor... De l'or et des rivières de diamants, des coffres et de la vaisselle d'argent débordant de perles et de rubis... un inestimable trésor !

Ma troisième vie pourrait s'arrêter là.

Je pourrais désormais en commencer une quatrième. Et une cinquième, une sixième. Je pourrais voir venir pendant huit ou neuf vies. Mais il faut croire que je suis modeste. Ou simplement idiot. Trois vies me suffisent, et je ne veux plus connaître qu'une seule mort. Alors je reprends péniblement mon souffle, prélève quelques pierres précieuses que je cache dans mon poing, et ressors bien vite à la lumière du jour.

Et en faisant exploser la roche qui abrite le trésor, je l'enfouis pour des siècles et des siècles.

Au fond de mon poing, j'ai de quoi tenir ma promesse à Agostina, en nous payant le voyage jusqu'à Nosy Boraha. De quoi voir sereinement grandir Nova et Cesare près de l'îlot Madame. De quoi observer les baleines pendant plusieurs hivers australs. De quoi prolonger cette vie et me faire oublier. De quoi monter mille projets secrets. Mais chut... Je m'appelle Antoine Anacharsis, et on n'entendra plus jamais parler de moi. Agostina peut toujours me tanner, il n'y aura pas de chapitre 65...

ANNEXES

Ce livre est une fiction qui se nourrit de faits réels et fictifs. En marge des faits réels, il existe toujours une part de fiction, et en marge des fictions, le réel continue d'exister. Ces annexes ont pour but d'attirer l'attention sur cinq personnages historiques ayant, de près ou de loin, joué un rôle dans les trois vies d'Antoine Anacharsis.

Phineas Gage

Après son accident (relaté au chapitre 49), Phineas Gage fait un temps l'attraction du musée Barnum, à New York. Puis, entre 1852 et 1859, il devient conducteur de diligence au Chili (chapitres 54, 55 et 56). Sa santé se dégrade alors, il rentre dans sa famille près de San Francisco, et meurt d'une crise d'épilepsie le 21 mai 1860. En 1867, on exhume son crâne pour l'étudier. Ce crâne est aujourd'hui conservé, ainsi que la barre à mine qui l'a transpercé, au *Warren Anatomical Museum* de l'université de Harvard. Deux collectionneurs privés, Jack et Beverly Wilgus, étaient depuis longtemps propriétaires d'un curieux daguerréotype, le portrait d'un homme qu'ils croyaient chasseur de baleine posant avec son harpon. En 2009, l'homme est identifié, il s'agit de Phineas Gage. Phineas Gage et la barre à mine qui traverse ce roman.

Edgar Allan Poe

En plus d'être un immense écrivain, dès 1839 Edgar Allan Poe se fait connaître du grand public par ses talents de cryptographe. L'écriture hiéroglyphique le passionne, il résout tous les messages codés que les lecteurs du *Alexander's Weekly Messenger* lui envoient, et en conçoit lui-même. Fort de cette expérience, il publie *Le Scarabée d'or* en 1843. Évoqué au chapitre 24, ce récit fait partie, avec *La Vérité sur le cas de M. Valdemar* (chapitre 41), du fameux recueil des *Histoires extraordinaires*. Edgar Poe meurt le 7 octobre 1849. Sa dernière maison existe toujours, à Fordham, dans le Bronx. La chambre où meurt son épouse Virginia (et où séjourne Antoine dans le chapitre 47) est conservée intacte.

Les sœurs Fox

En 1848, à Rochester, les sœurs Fox (Kate et Margaret) s'ennuient tellement qu'elles jouent à communiquer avec un esprit (chapitre 48). Mais rapidement, leur jeu est pris au sérieux. C'est la naissance d'un phénomène de société qui les dépasse. Un phénomène paranormal. Des années plus tard, elles avouent avoir tout inventé, mais le mal est déjà fait. Des centaines et des milliers de charlatans sont installés sur la place publique, et prétendent dialoguer avec l'au-delà. Un Français, Allan Kardec, s'inspire même de cette expérience pour fonder ce qui peut s'apparenter à une doctrine ou à une religion, le spiritisme (qui compte des millions d'adeptes en Amérique latine). Supercherie ou pas, l'existence des esprits et de la communication avec l'au-delà reste une affaire de foi. Comme me le disait encore hier mon arrière-grand-mère (décédée en 1991), « la foi n'a rien de néfaste tant qu'on ne l'instrumentalise pas ». Mon arrière-grand-mère ne jouait d'aucun instrument, mais elle avait (elle a toujours) une voix remarquable.

Olivier Levasseur dit La Buse

On est toujours sans nouvelle du trésor d'Olivier Levasseur. Mais il s'agit bien d'un authentique trésor, dérobé par un authentique pirate. Car contrairement à Antoine Anacharsis, Levasseur n'est pas un personnage de fiction. Probablement né vers 1680 à Calais, il choisit l'océan Indien pour se faire un nom. Ce sera La Buse, ou La Bouche. En 1720, il s'empare d'un riche vaisseau transportant le vice-roi des Indes orientales portugaises et l'archevêque de Goa. Il y découvre un trésor estimé à plusieurs milliards d'euros, qu'il s'empresse de cacher on ne sait où. Le 7 juillet 1730, avant d'être pendu, il jette un cryptogramme dans la foule en s'écriant sa célèbre phrase : « Mes trésors à qui saura comprendre ! »

Et il emporte son secret avec lui dans la tombe. Ensuite, le cryptogramme passe de main en main. Le trésor attire toutes les convoitises. Certains le cherchent toujours. Certains en sont morts. Certains affirment l'avoir localisé sur telle ou telle île.

D'autres pensent que ce fameux cryptogramme est écrit en créole, et qu'il ne comporte aucune précision géographique, qu'il s'agit d'une simple farce qu'aurait imaginé Levasseur le jour de sa mort. C'est le propre d'une légende de ne jamais se terminer, aussi on peut parier que l'histoire de ce trésor et de ce cryptogramme connaîtra d'autres rebondissements dans les siècles à venir. Le mystère reste entier...

Crédits

• Alex Cousseau a dessiné les cartes p. 10, 98, 262
ainsi que les illustrations p. 205 et 206.

• P. 20 : Crytogramme authentique d'Olivier Levasseur
(Bibliothèque Nationale). Source : www.piratescorsaires.com.

• P. 127 : Emblème de la *Society for Effecting the Abolition of the Slave Trade*, Royaume-Uni, 1787.
Dessin attribué à William Hackwood et Henry Webber,
faïencerie de Josiah Wedgwood (Photo D.R.).

• p. 326 : Daguerréotype de Phineas Gage,
par un photographe inconnu (Photo D.R.).

Ouvrage réalisé par Cédric Cailhol Infographiste

Achevé d'imprimer sur Roto-Page
par l'Imprimerie Floch à Mayenne
en février 2023.

N° d'impr. : 101950
Dépôt légal : mars 2023
ISBN : 978-2-8126-2445-2

Imprimé en France